The Vision 2024

～時代を超えて成長する企業には
確固たるビジョンが存在する～

The Vision 編集部

目　次

目　次

本文デザイン：パブリック・ブレイン／山辺健司

The Vision 2024

中心は人！経営は最高のクリエイティブ

いかわ ゆきひろ **井川幸広**

株式会社クリーク・アンド・リバー社 代表取締役会長（CEO）

PROFILE

井川 幸広

1960年佐賀県生まれ。毎日新聞映画研究所（現：毎日映画社）に勤務後、フリーのドキュメンタリー番組等のディレクターとして活動。1990年クリーク・アンド・リバー社を設立。2000年にナスダックジャパン1号銘柄として上場し、2016年には東証一部に。現在は東証プライム に上場している。18分野でプロフェッショナル・エージェンシー事業を展開。50分野への事業拡大 を目指している。2020年4月より一般社団法人東京ニュービジネス協議会会長。

INFORMATION

株式会社クリーク・アンド・リバー社

〒105-0004

東京都港区新橋4-1-1

新虎通り CORE

https://www.cri.co.jp/

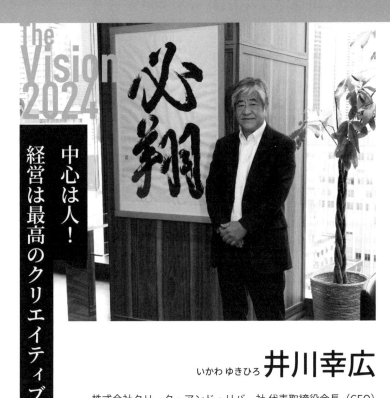

40年前のアフリカでの経験が今につながる

私は1年ほど毎日映画社にお世話になりましたが、当時はテレビに勢いがあり、そちらの業界に移りました。テレビ局や製作会社に入るかフリーランスになるか、3つの選択肢がありました。テレビ局はその頃中途採用は行っていません。また、製作会社に入ったとしても発注のあった番組しか作れません。自ずとフリーの道を選び、23歳でフリーのディレクターとして独立しました。

番組製作を受注するための営業活動とは、企画の提案です。テレビ局や製作会社に提出して仕事を得ます。元々、映画やドラマには関心がなく、ドキュメンタリーで社会の歪みをあぶり出すことが好きでした。その後、1990年3月にクリーク・アンド・リバー社を設立しました。バブルが崩壊した時期ですが、仕事の受注は多かったので不安はありませんでした。もちろん資金繰りについての心配はありましたが仕方のないことです。仮に失敗したとしても、またフリーに戻ればいい。柔軟に考えていました。それに、実はディレクターと経営者はよく似ているのです。

社名についてよく聞かれるのですが、今から約40年前の出来事に由来します。その頃、私はディレクターとして、アフリカのとある村を取材しました。雄大で肥沃な大地もあるのに、なぜアフリカの人々は飢餓に苦しんでいるのだろうか。作物を育成するノウハウがあれば解決できるのに、なぜそれが叶わないのか。その村から50キロほどの場所に水路が整備されていて、肥沃な土地がありました。しかし、その水路は村までは届いておらず、利権の対象になっていたのです。

「困っている人がいたら、自分の手を差し伸べたい」

当たり前の行為に至れない自らに、ドキュメンタリストとしての限界を感じました。2週間ほど滞在し、帰るときに子どもたちが泣きついてきました。己の無力感を覚えました。この子たちを助けるのに必要なのはメディアに問うことも大事だが、その一方で川や水路を造り、作物の育て方を教えることも必要ではないかと。そういった経験から社名を考えました。

事業の3つの柱とは

私がフリーランスだった当時、米国ではほとんどのクリエイターが組合に入っていました。日本にも日本映画監督協会などがありましたが、そこで決められたルールが守られていないという状況でした。米国には罰則規定がありましたが、日本は徹底されていませんでした。それから時代が流れ、日本でも改善され働く環境が変わってきています。

弊社の事業には「エージェンシー（派遣・紹介）」「プロデュース（開発・請負）」「ライツマネジメント（知的財産の企画開発・流通）」の3つの柱があります。創業当初から「クリエイター・エージェンシー」事業を始め、現在は「プロフェッショナル・エージェンシー」として発展しています。テレビ・映画、ウェブなどの「クリエイティブ」、医療などの「メディカルヘルスケア」、建築などの「コンストラクション」といった18分野を網羅しています（将来的には50分野へ拡大）。在籍しているプロフェッショナルは約36万8０００人、クライアントは約4万8０００社です（２０２3年4月現在）。

「エージェンシー」というと代理店のイメージがあるかもしれません。ただ、弊社の考えは個人の派遣というよりも、その方々が持っている知恵をどう結び付けていくかを重視しています。いわば「プロデュース」です。例えば映像クリエイターと建築士の知恵を組み合わせたら何が生まれるのか、

さらにバイオ研究者を組み合わせたらどうかといったことです。そういう異能の掛け合わせはおもしろいアイデアが生まれます。実際、売上高や売上総利益の事業割合を見ても「エージェンシー（派遣）」よりも「プロデュース」の方が高くなっています。また、「ライツマネジメント」についてですが、以前は個人のクリエイターなどが持っていた知財をマネタイズすることがなかなかできませんでした。これを実現していくためには組織的に行っていくことが重要です。

そもそも「プロフェッショナル」とは何かというと、世界中で活躍できること、機械では代わることができないことだと思います。つまり知財ということです。現在伸びているのは先に挙げた医療分野と建築分野です。マーケットが大きい分、まだまだ伸び代があります。バイオ研究を対象とするライフサイエンス分野も徐々に伸びてきています。

農業分野は商品が中心なので目新しさはありま

せんが、そこにITを用いることで可能性が広がっていきます。例えば現在、福島県大熊町で進めているトマトの栽培を行い、そこに食品工場や住居施設、レストランを併設するプロジェクトでは〝兼業クリエイター〟として現地に滞在し、農業をやりながらクリエイティブな活動もする。こういったニーズはきっとあると思います。

新型コロナは逆境ではなく、むしろチャンス

弊社は東証への上場後、右肩上がりで成長してきました。それ以前は米国同時多発テロ後、創業以来初めての営業赤字（2002年）がありましたが、それを反省の種とすることができました。2012年2月期から13期連続の増収をしており、過去最高を更新しています。

基本的には毎年度110％の成長を基準としていますが、やろうと思えば120％、130％まで伸ばせるでしょう。しかし、弊社はサービス業です。やり過ぎてしまうと、サービスの質が低下してしまいますので抑制しているところがあります。

直近では新型コロナウイルス感染症の拡大がありましたが、米国のテロ、リーマンショック、東日本大震災の経験があるので、さほど大きな影響もなく乗り越えることができました。何もコロナは弊社だけの出来事ではありません。皆に等しく影響が及んだことです。〝逆境〟とも捉えていませんでした。社内の人たちにも現状の経営状況について説明していましたので情報を共有できていました。社員が安心して働ける責任は企業にあります。むしろ、こういった時の方が機動力のある企業は頑張れます。コロナ禍だからこそやれること、頑張れること、変われることがあると考えていました。

AI時代でも、中心はあくまでも人

2023年3月に独自のC&Rクリエイティブスタジオメタバースβ1のオープンを発表し、ローンチへ向けて順調に進んでいます。コロナ禍によって世の中にリモートが普及し、当然ながらクリエイティブの分野にも広がっています。弊社にも数十人、外国人のクリエイターが在籍していますが、メタバースであればどこに住んでいようと問われないわけです。その象徴として、世界のクリエイターがどんどん参加していけるスタジオとなることが目的です。

昨今、ビジネスに限らずAIが世間の話題の中心となっています。クリエイターにとってAIは脅威なのか、それを使いこなせるかどうかにかかってくるでしょう。アニメーションの制作においても、かつてはアナログだったものがデジタルに変わりました。どんどん使いこなしていかないと追いていかれます。全てに言えることですが、学習が大切です。AIをどうクリエイターを活かすのか。反対に言えばクリエイターはAIをパフォーマンスを上げるツールのひとつとして、使いこなすことが大事です。

これまでの企業活動は大々的に設備投資を行い、製品を作るのが一般的でした。弊社の場合、中心はあくまで人です。優れたAIを導入しても、いいクリエイター、プランナーあるいは知恵がなければ活かすことができません。AIに限らず必要なものはどんどん取り入れ、プロの方たちと一緒に新しい価値を生み出す。あくまでも人が全てのベースです。

世界で受け入れられる日本のクリエイター

昨今、サステナビリティの取り組みが重視されていますが、日本企業は以前からこういう取り組みを行っていました。日本には100年企業が多く、世界ダントツです。そういった企業の社是や理念を見ると、サステナビリティそのものです。換言すると、その観点がなければ永続的な企業経営は成り立たないと思います。弊社も同様で、活動の延長線上に自ずとサステナビリティが関連してきます。それをしっかり数字化していくことが重要です。

弊社は現在、北京、上海、ソウル、ロサンゼルスに海外現地法人があります。他の国や地域でも受発注ができる環境は整っています。クリエイターに限りませんが、海外事業を行ってみると「日本人ならでは」ということが浮き彫りになってきます。海外の人々の多くは宗教観があります。クリエイティブなことは、こういった宗教観の影響を受けることが多いです。

日本は「八百万の神」ではありませんが、一神教ではなく多神教です。聖徳太子も「和をもって貴しとなす」と言っています。クリスマスやバレンタインがある一方で、お正月には除夜の鐘が鳴る。そういうことを厭わずに受け入れられる民族は、実は珍しいのです。例えば優秀な建築家や指揮者、芸術家、漫画家などを挙げるとき、日本人が3本の指に必ず入ってきます。世界で受け入れられるクリエイティブセンスを持っているのが日本人です。

コンテンツのことを言えば、普遍的に世界共通のテーマとしているのは「愛」と「死」です。これらをどういう切り口、ストーリー、舞台、役者を使って表現するのか。これは時代が移っても変わりません。

地方創生には「世界がお客さん」の視点

「地方創生」も昨今のキーワードの一つです。地域が抱えている社会問題がありますが、企業家が事業を通して解決することが可能だと考えています。ただ、表にクローズアップされてきませんのでやりにくい。また、自治体の執行部は予算の消化を考慮します。住民の満足度も考えないといけません。お金を稼ぎ出すというベクトルに向きにくい構造があります。

私は東京NBC（ニュービジネス協議会）の会長を務めています。NBCで自治体の社会問題を解決するために、100人くらいの企業家と共に、予算に関するプレゼンテーションを行う予定です。これまでかかっていた費用を、この会社ならいくらで行えます、といったことを協議していきます。このパッケージができると、自治体との協働のきっかけになりやすいと思います。

直近でいうと大阪万博がありますが、これからは〝インスタ万博〟になっていくでしょう。インスタ映えするには、どうパビリオンをデザインしていけばいいのかといった観点も必要になってきます。SNSで発信していけば、来場者の何倍もの世界の人々が見てくれます。今後のインバウンド需要にも影響してくるでしょう。インターネットによって世界は繋がっているのですから、マーケットは世界、つまり「世界がお客さん」です。こういった取り組みなどを交えて、地方へ新たな収入源を提案していきたいと思います。

真のリーダー「放勲欽明 文思安安」とは

「なりたい自分」をどうイメージしていくのかが重要です。企業には企業の理念があります。弊社でいえば、そろばんからではなくロマンから事業を始める。この事業がうまくいけば、これだけの人が「ありがとう」と言ってくれる。「ありがとう」と言っていただければ、後からそろばんがついてきます。

このことは原動力にもなります。もちろん、どちらが正しいかという話ではありません。しかしおそらくこれを反対に捉えていたら、弊社のグループ会社30社のうち半分は頓挫していたことでしょう。

企業に人を育てる力があるのか。また、企業の理念を継承できる人を育てることができるのか。桜を観たいからといって、桜だけを植えると1年のほとんどは楽しめない庭になってしまいます。桜や楓、松、柳もあると1年中楽しめます。だが、そうするにはそれぞれ肥料や土壌が異なりますから工夫が必要です。1年中楽しむには、どうやって土壌を作っていくのか、あるいは支えていくのか。その土壌が企業理念です。

中国の『書経』の中に「放勲欽明《ほうくんきんめい》 文《ぶん》思《し》安安《あんあん》」という文があり、理想的なトップリーダー像と説かれています。「放勲欽明」は「誰が見ても業績を上げられる人」。「文思安安」は「人の心をきめ細かく捉え、優しさをもって接することができる人」。これを両立した人が真にトップリーダーだということです。本当の企業の価値は、優れた商品やサービスではなく、人を育てる力があるかどうかで測られるものだと思います。企業全体で自社の企業理念を具現化し、しっかりと成長させることができるかどうか。それが企業の一番の強みなのでしょう。

経営は最高のクリエイティブ

私はゼロイチから、あるいはマイナスから、いろいろなフェーズでの会社経営を行ってきました。最も難しいのはゼロイチからの経営で、弊社も当てはまります。ある程度業界のことを知っていないと難しい。知らないと軌道に乗せるのに時間を要します。反対にマイナスや横ばいの企業は、それほど難しいことではありませんでした。例えば、50億円の売り上げで100人の従業員がいたとします。するとそれだけの知見が会社の中にすでにあるということです。その知見をいかに一本化させるか。社員の皆さんが考えている以上の夢を描けるか。それによって皆さんの目線を上げていくのです。これがプロの経営者の定義です。一人のトップリーダーによって、企業の未来は変わっていきます。企業の文化や風土を変えられるのも、企業の器を広げていけるのもこういったリーダーです。

私は、経営は最高のクリエイティブだと思っています。こういうことをやればこういう人が喜ぶだろうといった漠然としたイメージがあり、それを具現化するには能力を持った人がこれくらい必要だと考える。どこから進めていこうかと、何もない白いキャンバスに描いていく。ディレクター時代もそうでした。撮影する前に、いかにしてカメラマンや照明や制作スタッフの方たちとすり合わせていくかを重視していました。皆が「おもしろい」を共有する。このイメージのすり合わせが成功するとディレクターは座っているだけで大丈夫です。これこそ、最高のクリエイティブです。

フリーランスには定年がありませんが、経営にも定年はありません。現代社会は60歳以降の方でも知見や人脈、資金、体力があるなら引退してしまうのは惜しい。シニアベンチャーがどんどん生まれていってほしいですし、そういうチャンスをC&Rグループとしてどんどん創っていきたいと思います。

The Vision 2024

人類と社会の進歩発展に協力する！

さの けんいち **佐野健一**

株式会社ビジョン 代表取締役会長（CEO）

PROFILE

佐野 健一

1969 年鹿児島県生まれ。1991 年に株式会社光通信に入社し数年で部下 800 人を率いる事業部長に就任。1995 年に静岡県富士宮市で株式会社ビジョンを創業し、国際電話サービスの販売事業をスタート。2012 年には海外用モバイル Wi-Fi ルーターのレンタルサービスの「グローバル WiFi」を開始。2015 年東証マザーズに上場、2016 年には東証一部へ指定替え。市場区分見直しのため 2022 年から東証プライム市場。

INFORMATION

株式会社ビジョン
〒 160-0022
東京都新宿区新宿 6-27-30
新宿イーストサイドスクエア 8 階
https://www.vision-net.co.jp

自己を高められる場所・富士山麓で創業

父が工務店を、母が居酒屋を経営していました。父は信頼があり、周りの方々に大変慕われる人柄です。二人を見ていると、とても幸せそうに働いており、将来〝経営者〟になるのもいいなと漠然と考えていました。高校卒業後、1991年に光通信に入社したのですが、そのときには将来事業をやるんだと決めていました。会社を起こすというよりも、自分で商売をしたいという気持ちがベースにありました。

入社から数年後、部下800人を率いる事業部長に就任しました。とにかく人より働いていました。もちろん労働時間だけでなく、商品やサービス、あるいは業界について、誰よりも情熱を注いでいた自負があります。結果が伴ってくると喜びもありますし、好きにもなってきます。それがさらなる深掘りの動機にもなりました。自分の成長は実感していましたが、まだまだ行けるという意識もありました。何かに秀でていたというわけではなく、4、5年は集中してやろうと決めていたこと、つまりゴールがあったからこそエネルギーを注げたのかもしれません。

幹部のメンバーにはいつか退職する旨、伝えてありました。しかし、起業する際、光通信と競合になることは避けたいので、東京や大阪などの大都市圏ではない地を考えていました。そんなある日、出張で新幹線に乗っていたとき富士山が見えました。そこは新富士駅だったのです。マーケット重視というよりも、自己を高められる場所。毎日富士山を見ながら仕事をしたいと思い、1995年富士宮にビジョンを創業しました。

祖業の情報通信サービスに加え、2012年には事業の中核である海外用モバイル Wi-Fi ルーターのレンタルサービス「グローバル WiFi」をスタートし、2015年に東証マザーズ上場、翌年に東証一部へ指定替え、2022年より東証プライム市場へ移行しました。

危機をチャンスと捉える企業文化

創業から様々な危機に直面しました。2008年のリーマンショック、2011年の東日本大震災、そして2020年以降の新型コロナウイルス感染症。あらゆる企業に等しく降りかかった危機といえるでしょう。

弊社の場合、リーマンショックの際は、それほど大きな危機ではありませんでした。大きな借入をしていなかったことも影響していると思います。利用者からするとコストを下げたい時期だったでしょうから、むしろ多くの受注をいただきました。危機よりもチャンスでした。

東日本大震災のときは、東日本が麻痺状態でした。震災が発生したのが金曜日で、翌月曜日の経営会議で〝全員西日本シフト〟に切り替えました。営業活動を西日本に集約したことで、その月は過去最高益というくらいの業績でした。皆が機動的に動いてくれたことが大きかったです。

さらに、日本を元気にしていかないとならない、というムードもありましたので、震災翌週の水曜日には全社員に「飲みに行きなさい」と伝えました。予算をつけるから経済を回そう、という思いでした。今でも当時お世話になったお店の方々から「あのとき、ビジョンの皆さんが来てくれたから助かった」というお声を聞きます。

またその頃、佐賀に出店する計画がありましたが、現地自治体の方々は震災の影響もあるので、

出店中止になると思っていたそうです。しかし、震災から10日後くらいには予定通りに出店する旨を伝えていました。3月31日に記者会見を開き、6月にはオープンさせました。結果的に見ても、この出店は成功でしたからやり通してよかったです。あまり暗くならないようにしたい。私の性格に由来しているのでしょうが、そのように考えていました。

コロナ禍は、実は2019年の納会の際、当時のNo.2から「2015年の創業以来うまく行き過ぎている、近々危機が訪れる。あるいは潰れるかもしれない」との警鐘があり、実際危機感を持ち、心づもりをしていたところに起きました。私は収束するまで3~5年かかると予測していました。そのためインバウンド系事業を売却し、事業の主力の「グローバル WiFi」を一時停止しました。座して待つというより、必要とされることに力を入れようという判断でした。

一番力をもらったのは、情報通信事業のメンバーが「ようやく僕らの出番です。任せてください」と言ってくれたことです。株価も大きく下がりましたが、投資家の皆様を回った際に「ビジョンさんのせいではないから」という言葉をいただきました。謝るのではなく、「いずれ元に戻るだろうから頑張ります」と言ってください、と。大変な勇気をいただきました。しっかり前を向いて戦うぞと決心しました。現場の力やスピーディな対応もあって3ヶ月だけの赤字で済みました。

リモートワークにおいては、コロナ禍以前から進めていました。特に女性の場合は妊娠・出産もありますから、それらに備えるためにリモートで働くという選択肢を用意してありました。

長年会社経営をしていると、周期的に予期せぬ出来事が起きることがわかってきます。いわば経験値です。危機のときは、企業の新しい文化や成長の礎が生まれる瞬間でもあります。実際、弊社は外部要因の危機が起きるたびに成長していきました。いざ危機が起きても、絶対乗り切るぞという企業文化が根付いているからだと思います。

事業の親和性を図る　グランピング・ツーリズム事業

2022年からはグランピング・ツーリズム事業を始めましたが、プロジェクトの立ち上げ自体は実はコロナ禍より前でした。もともと私がプライベートでグランピングをやっていたのと、世界的な需要の伸びを背景としています。

日本の場合、世界にはない「旅館」というカテゴリーがあります。ただ、親御さんは温泉にも浸れて嬉しいでしょうが、お子さんたちにとって、旅館は楽しみにくい場所ではないかと捉えていました。かたやホテルはどこに行っても、さほど変化がありません。子どもやペットの犬も連れて行きやすく、わいわい楽しめる場所は、旅館やホテルにはないのではないかと考え、各部屋に温泉をつけたグランピングを始めたら、とても需要がありました。ご家族連れもさることながら、女子会にもよく使っていただいていますし、合宿にもおすすめです。

一方、グローバルWiFiの利用者は海外に渡航される方で、旅好きの方が多いです。そしてデータ上、海外旅行の倍以上の回数の国内旅行を楽しまれています。アンケートなどの回答や顧客資産を使って、私たちだけのコンセプトを堪能していただこうと考えました。弊社事業の親和性と相関性を活かした形です。特に若い企業であればチームビルディングのために研修や合宿を行います。研修などで大切なのはメンバー同士の共通体験です。皆でバーベキューをし、キャンプファイヤーをした。あのとき、私たちはこういう意思決定をした。絶対に忘れません。ロケーションが大事なのです。会議室で決めたことより実行性も達成率も高くなります。

今後もグローバルWiFiとの親和性のある事業を生み出せる可能性は高いでしょう。

2人経営体制、ビジョンにふさわしい人材とは

2023年度より、私は代表取締役会長CEOとなり、大田健司が代表取締役社長COOに就任し2名体制となりました。

今から10年以上前に、チーム経営にこだわっていこうという方針を打ち立てました。CEOやCOOなどは一つの役割であって、今いるメンバーがローテーションで務めることができるくらいの

体制を作ることが大事である、と。一方、私は創業社長でもあるので、ある時期においては文鎮的な存在であってもいいでしょう。しかし、チーム力によって企業を伸ばしていくことが重要です。一人のカリスマによって成長していくと、次の世代がキツくなります。総合力で伸びる企業は、どの時代になっても伸びていけます。

また、社内に社長にふさわしい人材が育ってきていました。大田はアルバイト入社です。他の社員も「自分も頑張れば社長になれる」と思うようになるでしょう。もしくは「私はＣＩＯになりたい」でもいいわけです。どのパーツで最大限の力を発揮できるのかが大切です。

もちろん、大田が社長をやっても大丈夫だろう、という確信がありました。彼には社内のシンボル的な存在にもなってほしい。就任して半年くらいは、背中を押しながら徐々に前に出てもらうようにしていました。Ｍ＆Ａやグローバルな活動、ブランディングについては互いに共通ゴールを目指しながらダブルスタンダードにならないよう〝ビジョンスタンダード〟をもって臨んでいこうと思います。

弊社は新卒者よりも中途者のウエートが高くなっています。世界を見たときも、新卒採用はあまり行っておらず中途採用の傾向が大きいです。弊社の場合、今後の成長性などを見たときの結果でした。実際、経営幹部は皆中途採用の人材です。私は経営幹部が何を言っているのか、彼らの戦略はどうなのか、といったことを知るために、彼らと触れる時間を増やしています。

入社した人材も野心や前向きに学びたいという気持ちを持っていれば、皆が背中を押してくれます。足りなければ個人面談をしたりして、引き上げてあげる。あるいは、足りないスキルを補完し合いながら、部署をクロスして勉強会などを開いて対応しています。何事も自発的に動けること、それがビジョンでは必要です。実際に、社員たちが私を介さず自発的に進めている試験プロジェクトなどもあります。それがうまくいっていれば、ゴーサインを出します。

また、福利厚生についてですが、佐賀の自社ビルの1階には「ビジョンキッズ保育園」を開設し、小さいお子さんがいる従業員にとって働きやすい環境も整え、育児の課題にも対応しています。これからはますます少子高齢化が進みますので、介護問題が課題になっていきます。実際にここ10年ほど、経営会議の議題に上がるほどです。おそらく家でリモートワークしながら介護をすると、介護者にとって大きな負担になると思います。5年ほど経つと、いよいよこの問題は顕在化してきますから、しっかり支援できる仕組みをつくっていきます。国を頼るというより、私たちが自分たちでやれることをやっていくという考えです。

時代を読むより、どんどん参加する

未来を読むのは難しいことです。コロナ禍や現在世界で起きている紛争など、予期できた人はいないのではないでしょうか。反対にいうと、時代を読み過ぎるのもよくないのかもしれません。しかし、世界がこう動いていくだろうという指針は、おおまかにつかむことができるでしょう。では、なぜつかめるのか。それは情報量に由来すると思います。情報の中から、過去と現在と未来のものを組み合わせると、一つの答えが導き出せる可能性は高まります。

これまで不便だったことが便利になっていく。困っていることがあるからニーズになっていく。だから、それがマジョリティ化していくわけです。テクノロジーにおいても、自分たちで実際に使ってみることが大事です。使ってみることで「これは将来、もっと必要になる」と判断できる。

例えば、弊社のグランピングはInstagramやTikTokなどによくアップされます。私もこれらはよく見ています。どう時代が動いているのかは、実際に触れているからこそわかるのです。新しいことはどんどんやろう。俯瞰せずどんどん参加しよう。やってみてうまくいけば、お客様にも活用していただこう。割とシンプルです。

私の考えですと、最初に始めた人はなかなかうまくいかない。10番目くらいがいい。さらに後から出てきた者が、一気にその10人を抜き去っていきます。ChatGTPにしても私たちには作れないけれど、作る必要もない。グローバルWiFiにしても最後発の参加です。私たちが時代を作るというより、今の時代にあるものをどう最大化して、どうお客様に提供するのか。そして、どう売上にしていくのか。全部がつながっています。

若い方にとってはチャンスの時代

理念は進化していいものです。成長のフェーズに合わせて、皆が目指すべきものを理念として打ち出します。弊社の場合は「人類と社会の進歩発展に貢献」するというのが経営理念の一部です。

外国人の友人に弊社のことを説明すると、世界にはあまりない企業だと言われます。どの国もカテゴリー特化型の企業が多いので、柔軟にいろいろなものを取り揃えている企業はそうそうない、と。世の中に合っていないものを続けても、さほど意味がないと思います。異なるフェーズに差しかかったとき、弊社の理念も変わるかもしれません。

何か夢や目標があったとして、それが実現するとしましょう。次の夢や目標はどうしようか。それは達成してから考えるのでは遅い。達成が見えてきたら、もう次のことを考える。そのギアチェンジを早めないと、成長性が高くなりません。

とはいえ、未達だと自信を失います。保守的ではありますが、何パーセント達成できるのかということを軸とした目標設定も必要です。つまり、達成がゴールではないということです。達成慣れして、いつでも100%では意味がありません。20%でも30%でも上乗せしていくこと、それが文化になります。私が若かったときも「今の若者はダメだ」と言う大人がよくいました。弊社も若い人材が多いですが、そういうことを言う大人にはなりたくありません。弊社のビジョンに共感して入社してくれた仲間ですから。

今の時代は若い方にとって、チャンスだらけです。ネットやAIを使うことが当たり前のライフスタイルですから、スマートフォンにしても私の世代より何十倍も使いこなしているでしょう。先ほど述べた不便やニーズに出会える機会も多い。起業家になることも、今いる企業でトップになることも道の一つです。今やっていることが楽しくなれば、もっと仲間も集まります。何をやってもいいし、どんな道を進んでもいい。その中で一番になることを目指して、よりアクティブに行動してほしいと思います。

The Vision 2024

最強の採用アプリ「社長メシ」

ささきたくみ 佐々木拓巳

株式会社ユナイテッドウィル 代表取締役

PROFILE

佐々木拓巳

1978年、青森県生まれ。1999年、アルファグループ株式会社に入社。携帯電話の営業を担当し、2年目でグループトップの営業成績をあげる。その後は営業部長として企業成長を牽引し、同社のジャスダック上場に貢献。2007年、インターネット決済会社に参画。事業部長やCOOとして経営に携わる。2010年、株式会社ユナイテッドウィルを設立。HR事業やSES事業など、ITと人材を軸としたビジネスを展開する。2018年、C to C型の採用マッチングサービス「社長メシ」をリリース。従来の採用手法を変革するサービスとして、メディアや業界の注目を浴びている。

INFORMATION
株式会社ユナイテッドウィル
〒150-0021
東京都渋谷区恵比寿西1-7-7
EBSビル10F
https://www.unitedwill.jp/

採用の現状への疑問から生まれた発想とは？

株式会社ユナイテッドウィルの主な事業は採用アプリ「社長メシ」です。社長と就活生をマッチングさせることで、これまでにない角度から採用活動を促進してきました。

弊社が2016年頃に「社長メシ」を立ち上げる以前は、新卒の人材紹介業に携わっておりましたが、通常、新卒採用は人材紹介会社や求人媒体を通じて行われることが通例です。そのため、企業と学生が真に共感しあって採用に結びついているケースはあまり多くないと感じてきました。

もちろん、既存の方法でうまく採用が行えている企業や学生さんもいますが、実はエージェントの営業手腕で採用が決まってしまう場面も多いのが現状です。学生は社会経験がないため、どうしても考えがブレやすく、キャリアアドバイザーの魅力的な言葉に翻弄されて入社したものの、離職してしまうというケースも多々ありました。ですが、これでは仲介業者が利益を得ているに過ぎません。企業と学生双方にメリットが生まれないのです。事実、新卒者の離職率は3年以内で3割を超えました（厚生労働省「新規学卒就職者の離職状況」（令和2年3月卒業者）を参照）。

そんな時、個人が仲介業者を挟まずに売買できる「メルカリ」というアプリが世に出始めました。それをヒントに、採用活動でも学生と社長をマッチングするアプリを作ればおもしろそうだと思ったのが「社長メシ」を立ち上げたきっかけです。そもそも私には、中小・ベンチャー企業が既存のシステムを使った採用を行うことに対して疑問がありました。100人規模の企業であれば、学生は経営者本人を見て応募を判断したいと考えるでしょう。しかし同様に中小・ベンチャーも大手企業と同じ土俵で臨むことが、果たして適切な採用に繋がるものなのかと疑念を抱いていたのです。

一方で、多くの学生は企業の知名度やブランドに固執し、視野の狭い就職活動をしていると感じていました。「いい大学を出て、いい会社に勤める」ということが、固定観念として植え付けられているのかもしれません。もちろん、大手企業とベンチャー企業、どちらを選ぶかは個人の選択です。しかしベンチャー企業がどういうものかを知った上で、結果的に大手企業へ行くことになることとは、その選択の意味合いは大きく異なるでしょう。

企業にとっては大事な採用活動であり、学生にとっては社会人としての大事な1歩になります。そこに介入し、私たちはお金をいただいてお手伝いしているわけですから、お互いが真に望む採用に結びつくよう支援することが弊社にとって欠かすことのできない役割だと考えてきました。

「社長メシ」から一人の学生を採用する時のコストは、一般的な媒体を使うときの数十分の一ほどしかかかりません。既存の媒体を使うよりもはるかに低コストで、思いを共有できる学生さんを採用することができる訳です。少子高齢化やコロナ禍の影響もあり、近年の就活市場は「売り手市場」となりました。このような環境では、人事部に任せるだけでなく、経営者自身が表に出て、採用活動の舵を取るべきだと思います。

「社長メシ」は次世代への「恩贈り」の場

私は経営者というものは、次世代の人々に「恩贈り」をしなければならない立場にあると考えてきました。

それぞれの努力もありますが、私たちが今ここにいるのは様々な人々とのご縁や受けた恩があったからに他なりません。それを次世代に繋いでいかなければ、日本の国力はますます弱まってしまうと思うからです。

例えば「社長メシ」は、低コストで優秀な学生を採用するためのツールですが、果たす役目はそれだけに限りません。このプラットフォームは社長が恩贈りをする場であり、社会貢献を果たす場でもあるのです。経営者が自社の理念やビジョン、経験を語ることで、これから社会人となる学生の視野を広げることも、重要な恩贈りの一つとなるでしょう。

実際にそうした恩を受けることとなる学生の方々からしてみると、社長に会うこと自体に勇気が要るものです。それでも声を振り絞り、直に社長とコミュニケーションを取ってみたいと考え登録する方がほとんどでしょう。それだけ意欲的で前向きな考えを持っている学生さんが数多くいるのです。

結局のところ、大切なのは人と人との関係です。履歴書を見て面接をするという流れでは、深い人間関係を築くことは容易ではないでしょう。しかし「社長メシ」を通じた出会いでは、お互いが記憶に残る意義のある関係を幾度も築いてきました。たとえ「社長メシ」で一人しか採用できなかったとしても、別の会社に入社した学生の中に、自社社員でないにもかかわらず社長のファンが生まれる。そうした現象が起こることも少なくありません。あくまでも「社長メシ」は採用の一ツールに過ぎないかもしれませんが、その本質は縁づくりなのです。

ですから、何十人もの学生にご飯をご馳走し、一人も採用できないなどということは起こり得ません。厳しい言い方をしますが、それだけたくさんの学生に会っておきながら採用できないのであれば、それ

は社長に魅力がないということでもあるでしょう。

これは実際にあった話ですが、コロナ禍前に「社長メシ」を利用して社長と面談を行った学生さんがいました。残念ながら新卒時にはご縁はなかったようですが、その後も当該の学生の胸の内には強い印象が残り、コロナ禍が明けた転職時にその社長の元で働きたいと懇願し、改めて採用が決定。そういうケースは数多くあります。

そうした密なコミュニケーションに特化できる「社長メシ」は、就活生だけが対象ではなく、大学1年生、2年生のインターン採用でもご利用いただいてきました。採用活動を一定期間に集中させるのではなく、常に門戸を開くことで、様々な学生とのコミュニケーションを持続させていきたいと考えているからです。これからの時代の採用活動には、こうしたアプローチも必要になってくるのではないでしょうか。

多くの人々の「恩贈り」を受け、起業の道へ

話は遡りますが、私は父と4歳の時に死別し、16歳の時に母を亡くしています。母方の親族のおかげで施設には行かず、高校時代は野球に打ち込み卒業後には就職のため上京しました。つまり私の人生は、幼い頃から多くの方々の「恩贈り」によって成り立ってきたのです。様々な方にお世話になり、現在の私がいることは言うまでもありません。現在45歳となり、人生の半ばを過ぎて考えると、これまで受けた恩をしっかり返していく必要があると強く感じています。

上京したての私にとっては「起業」という言葉自体が遠いものでした。上京後に一流大学に通う友達や同僚と出会いましたが、田舎育ちの私と彼らの間には、大きな隔たりがあったことも事実です。住んでいる次元が違うと思っていたのです。

そして1999年にアルファグループに入社し、携帯電話の営業を担当しました。2年目でグループトップの営業成績をあげることができ、のちに営業部長に就いて同社の上場に貢献しています。この頃の原動力となっていたのは、「周囲への恩返し」ではなく、「上に行きたい」という気持ちでした。その後、20代半ばになり、周囲が転職や起業をする姿を見てはじめて、自分も独立・起業を目指せるのかもしれないと思うようになります。それから2007年にインターネット決済会社に参画し、2010年にユナイテッドウィルを設立。軌道に乗り始めた矢先の2011年、東日本大震災が発生し、最初の1年目は多くの苦労も経験しました。社会全体が自粛ムードに包まれ、テレアポでの営業をしても「このような時期に」といった反応ばかり。活動が困難な状況が続いたのです。

「社長メシ」から派生する多様な社会貢献

そんな中、「社長メシ」をスタートさせた当初は手探り状態でもありました。しかし利用した学生が「社長メシがすごい！」とＳＮＳで拡散してくれたこともあり、徐々に認知度が高まっていったのです。テレビなどのメディアでも頻繁に取り上げていただくようになりました。しかし、「さあ、これからだ」と思っていた矢先にコロナウイルスが出現します。「社長メシ」を開催することもできず、この時期にはいろいろ考えさせられることがありました。その中でも私たちのサービスは間違っていないという自負はありましたし、「絶対に世の中に広めていかなければいけない」という使命感だけは揺るぎませんでした。

弊社のミッションの一つに、「採用における企業側への啓蒙活動」というものがあります。当然ながら、このミッションに真摯に取り組むためには、私自身が先頭に立って進まなければなりません。現在は「社長メシ」の社会人版も展開していますが、社会人こそ社長と直接会い、これまで培ってきた実力を披瀝し自分で年収を交渉すべきだと思います。興味深いことに、かつて学生版に登録していた20代後半から30代前半の方々が社会人版のリリースと同時に再利用するケースも多々あり、現在の会員数は1万数千人に増加しました。

そして良くも悪くも、今の時代は過去に比べて転職がしやすくなったように感じます。転職回数が増えるということは、企業にとって多くのコストを要することにもなるでしょう。だからこそ「社長メシ」でコストを下げ、さらに採用活動に注力できるようになっていけば、企業の負担も減るのではないでしょうか。

そうした事業を促進していくため、現在は「地方版社長メシ」という新たなサービスも考えているところです。地方の老舗やレジェンド企業などでは古参の社員の方が多く、従業員も地元の方のみ、といった実情があるでしょう。しかし首都圏の学生には知られていません。そうした企業の社長に上京してきていただき、次世代の若い人材を幹部候補として採用していただけるようご提案す

るサービスです。これを全国にFC展開できれば地方創生にもつながるのではないでしょうか。若い方々からすれば、激しい競争のある首都圏の大手企業に勤めるよりも、地方企業に勤める方が新たな学びもあり、挑戦しやすい環境となるかもしれません。
また「地方版社長メシ」の次なる展開として、「子ども食堂」も構想しています。社長たちのポケットマネーで各地方都市の居酒屋などと提携し、「小学生まで無料」のお店を開いてみたいのです。将来的に「社長メシ」を利用する子どもたちが社長と再会するというストーリーも描けるかもしれません。その他にもアスリートのセカンドキャリア形成のための「社長メシ」や、その見返りとしてのチャリティー野球教室など、既存の仕組みを応用した様々なプロジェクトを考えているところ。

それだけ「社長メシ」は様々な可能性を秘めており、応用が利くコンテンツなのです。

ギバーになれ!

「ギバーになれ」は、私が常に大切にしている考え方です。先に挙げた「子ども食堂」も正に「ギバーになれ」の精神が反映されたものと言えるでしょう。社内向けには「起業家よりも事業家たれ」というメッセージを発信してきました。様々なものに目が移りがちな起業ではなく、ミッションを遂行し事業に邁進する、という意味を込めています。

会社にとってミッション、ビジョン、バリューは欠かせないものであることは言うまでもありません。社内の評価の基盤となり、企業の方向性を示し、社員が団結して目標に向かって努力するための指針となります。

しかし先行きが不透明な社会になりつつある現代では、10年20年先の夢を描くことは容易ではありません。だからこそ、まずは1ヶ月先の目標を立ててみてはどうでしょうか。年齢を重ねていくうちにビジョンはアップデートされていくものです。これは個人だけではなく会社においても言えることで、弊社もその時のフェーズによってビジョンを変えてきました。

「30代になった自分に何ができ、何が幸せか」といったことは社会経験を積んだ上で湧き出てくるものでしょう。歳を重ねるごとに、60代、70代でどのような未来を描きたいかが見えてくるはずです。それを繰り返すことで、自然と大きなビジョンを描けるようになっていくでしょう。

何が起きても、自分の心のあり方次第

私はポジティブ思考の人間です。確かに、人生の中で厳しい局面だと感じる瞬間は多々ありますが、どのような状況に直面しても「死ぬまで修行」という心構えで取り組むように心がけてきました。人生を振り返った時、8割くらいは苦しい出来事かもしれませんが、それを「苦しい」と思うかどうかは自分の心のあり方次第だからです。苦しいと思うこともあれば、逆に8割を楽しいと感じることも可能でしょう。今「苦しい」と感じていても、1ヶ月後には「楽しい経験だった」と振り返ることができれば、それで十分。自分自身に問いかけることが重要なのです。

しかしポジティブに捉えることが難しい時は、意識的に前向きなことを考えてみるのも一つです。たとえば、今月の売上が思うようにいかなかったとしても、「来月はこう改善できる」と考えること。すでに成績が悪いことは事実なのですから、そこから何を学び、どう前進できるかに焦点を当てることが肝心だと言うことです。

私自身、若い頃は今よりずっと短気でしたが、多くの経験を積み、周囲の人々から学びながら大人になっていきました。営業の仕事や、多くの人との出会いを通じて物事を多角的に見る力を養ったからです。まさに「社長メシ」もそうですが、新しいアイデアはゼロから生まれるのではなく、既存の要素を組み合わせることで生まれるものでしょう。人との繋がりから、ビジネスが誕生することもあります。そのためにも常に幅広い関心を持ち、様々な要素を繋ぎ合わせる思考を身につけてください。そして何よりも、人と人との繋がり、ご縁を大切にしていただきたいと思っています。

The Vision 2024

「アスベスト問題」の最前線でビジョンを追う、若きリーダー

ふくだ けんじ
福田賢司

株式会社都分析 代表取締役

PROFILE

福田賢司

石綿障害予防規則制定当初より株式会社サン・テクノスにて石綿の測定・分析業務に従事。環境関係の国家資格を順次取得（第1種作業環境測定士等）。現公益社団法人日本作業環境測定協会石綿分析クロスチェック事業に当初より参加。様々な現場の調査・測定・分析を行うことで自己研鑽に努める。アスベスト協会団体の会員となる。学校法人重里学園日本分析化学専門学校　職業実践専門課程委員及びOB・OG会の会長となる。公益社団法人大阪市工業会連合会優良社員表彰受賞。一般社団法人大阪府計量関係功労者表彰受賞。株式会社都分析設立（株式会社サン・テクノス専務取締役継続）。公益社団法人関西労働衛生技術センター理事となる。公益社団法人日本作業環境測定協会大阪支部運営委員となる。

INFORMATION

株式会社都分析
〒534-0015
大阪府大阪市都島区
善源寺町 2-3-16-2F

アスベスト調査・分析のスペシャリスト

株式会社都分析は、建築物におけるアスベスト調査・建材採取・分析を専門とする会社です。

主にご依頼いただくのは、解体業者、内装業者、設備業者、ビルのオーナーなど。建築物の解体や改修、またはテナント退去後「スケルトン」(設備を除く空洞)の状態に戻す際に必要となる調査です。

アスベストはかつて「魔法の鉱物」と呼ばれ、安価でありながら優れた防音・防火・断熱性能を誇る建材として、1960年代の高度経済成長期に多くの建築物で使用されてきました。〝石綿〟と表記するため、繊維素材かと誤解する方もいるようですが、これは鉱物です。

ところが1970年代に入り、発がん性リスクが問題視されるようになりました。アスベストを吸い込むことで、肺がんなどの深刻な疾病が引き起こされることが明らかとなったためです。次第に厳しく規制されるようになり、現在では全面的に使用が禁止されました。

現在日本では、アスベスト含有率が0・1%以下であれば「含有なし」と見なされていますが、調査で使用する機器の限界もあり、含有率0・1%以下のアスベストを細かく分析することは難しい現状があります。

そのため、分析作業は顕微鏡を用いた目視で行うことが必要不可欠です。また、個人の技術を評価する試験があり、合格されている者が精度良く分析できるという基準があります。

アスベストの専門家として独立

私は約10年前に、株式会社都分析の母体である株式会社サン・テクノスに入社しました。同社では大気汚染、水質汚濁、土壌汚染、その他環境に係る測定及び分析など環境全般に関する事業を行っており、現在も専務取締役として在籍しています。

私自身、もともと化学が好きで専門的に学んでいたこともあり、そうした背景も父が社長を務める株式会社サン・テクノスへの入社を決めた一因になりました。

ちょうどその頃、２００５年に「石綿障害予防規則」が制定され、アスベスト問題が社会的に大きく注目されていくようになっていきます。

そうした社会の動向を受け、入社後に数ある測定及び分析の中でも、アスベスト関連の業務を主軸として携わるようになりました。

その後、建築物の調査も必要となったため、アスベストに特化した会社として、株式会社都分析を立ち上げることを決意したのです。

実は、アスベストが含まれる建築物は現在もまだ数多く残っています。今後約10年間、調査分析・撤去・解体といった作業は高まり、その後10年間で収束に向かうでしょう。

また、個人宅でもアスベストの含有は十分考えられます。弊社もこれまで、団地や一軒家などの住宅調査を何百棟分と行ってきました。

アスベストの業務は命がけ

大袈裟かもしれませんが、アスベスト調査の仕事には命がけな側面もあります。毛髪の5000分の1ほどの大きさであるアスベストは、目には見えませんし、匂いもありません。解体作業中も粉塵として舞っている可能性もあるでしょう。

そのためアスベストを防ぐことができる専用マスクを必ず装着する必要があるだけでなく、作業員の方々にも日々注意喚起を行ってきました。

「人体への影響を及ぼす目に見えない物質」という点では、放射線に似ています。しかし放射線と違い、アスベストは影響がいつ人体に現れるかわかりません。10年から40年もの潜伏期間を経て、徐々に体を蝕んでいくため、〝時限爆弾〟とも言われるのは、そうした性質が認められるからでしょう。

微量のアスベストは日常的に空気中に漂っているのですが、その事実に過剰に反応する必要はありません。アスベストの粉塵が舞う可能性のある工事現場では専用マスクを着用することは当然でありますが、工事現場で見られる粉塵が全てアスベストであるわけではないことも理解しておく必要があるのです。

注文は断らない！

私は、いただいた注文を最初から断ることは一切しません。どんな些細なご相談であっても、まずはお話を伺うことをポリシーとしてきました。内容を伺った結果、たとえ弊社の仕事に繋がる見込みはなかったとしても、できる限りのアドバイスや情報提供を行います。

「お金にする」のではなく、「自分の持っている知識で協力する」という意識が何より大切だと思うからです。

事実、その場では仕事に結びつかなかったとしても「あの時相談してよかった」と思っていただけたことで、次の仕事につながったことも多々ありました。それが口コミにもなり、事業の好循環を生むきっかけ

にもなっています。
「お金にならない相手とは関係を断つ」という考えで目先の利益だけを追うのではなく、長期的な関係性を大切にしてきたおかげで、営業活動に注力することなく起業以来成長を続けることができました。
しかし私自身、若い頃から常に順風満帆だったわけではありません。様々な失敗を経験してきました。幾度も失敗を繰り返す中で、「このままではお客様が離れていく」と危機感を抱いたことは何度もあります。
そうした経験があったからこそ、自分を変えることができました。自分の意見を押し付けるのではなく、お客様が何を望んでいるのかを考え、その要望にお応えしていく。その積み重ねが現在の考え方を築いていったのだと思います。

法律の知識をアップデートし、業界を引っ張っていく

環境に関する法律は、絶えず変化していきます。そのため私自身も公益社団法人に所属し、常に最新の情報をキャッチできるようにアンテナを張ってきました。法改正を伴う環境関連の仕事に従事する弊社の代表として、資格を有していなければ成り立たないと考えたからでもあります。

2023年10月より、資格者による建物の事前調査の実施が義務化されました。つまり、資格を有していないと調査が行えないということです。

ところが、この法律改正の周知があまりされておらず、知らないままに多くの建物が解体や改修されてしまっているのが現状なのです。

実際、旧法制に準じて仕事をしてしまえば違法になります。自分の知識をアップデートしないままでいると、重大な問題に繋がり、取り返しのつかない結果を招くことも考えられます。

そして違反があった場合、責任を問われるのは発注者側、つまりお客様なのだということから目を逸らすことはできません。

こちらを信用して依頼してくださったにもかかわらず、国からお咎めを受けてしまう危険性を含んでいるからです。

当然、発注者がこの法律を知らないのであれば、元請業者が説明しなければなりません。私たちが大気汚染防止法及び石綿障害予防規則の最前線に立ち、その知識を常にアップデートしていく意義は、そうした背景があるのです。

メディアによる問題提起を待つのではなく、あらかじめ周知徹底していくことも私の重要な役割だと考えてきました。法改正に対応しなかったことで考えられる弊害など、啓蒙活動にも積極的に取り組んでいます。

おかげさまで、私自身への講演やコンサルティングのご依頼も数多くいただくようになりました。これからも先頭に立ち、業界全体の意識改革を行っていけるような活動にも注力していければと思っています。

ビジョンを明確にし、行動を起こしていく

私は、「自分だけの景色を見たい」と常々思い続けてきました。業界の中ではまだまだ若輩者ですが、法律などに関する知識や豊富な業務経験においては誰にも引けを取らないと自負しています。

それだけの使命感を持たなければリーダーとして業界を牽引していくことはできないでしょう。おそらく私は歳を重ねても現在の事業や仕事を続けていますが、そのときには、「リーダー」よりも「パイオニア」になっていたい、そう強く願っています。

ビジョンを考える上で、「どのような自分になっていたいか」を具体的に考えておくことが必要不可欠だと思っています。

漠然と5年後や10年後を思い浮かべるのではなく、より具体的なビジョンを持つことで、夢を叶えるための行動へと繋がっていくものだと思うからです。

これは弊社の従業員にも問うていることでもありますが、皆さんが何を目指して仕事をしているのか？　どうありたいのか？　各々で夢やビジョンをしっかりと持ち、そのためにやれることをやってほしい。厳しい言い方にはなりますが、夢は誰にでも描けます。

しかし、そのためにいつ、どのように行動するのか、そこまで考えなければいけないのではないでしょうか。

私はちょうど40歳になりました。同じ年代の方々で転職されたり、起業されたりする方も多いと思います。

また、会社に所属していれば中間管理職に就き、上司や部下に様々な内容で悩みを抱えている方もいるでしょう。

どのように社内や部署内を改善していきたいのかを具体的に考えることが重要です。環境のせいにしてしまうのは簡単ですし、周囲の成功者を羨むことは容易いことですが、往々にして人は陰で努力をしているものです。

現状維持で我慢するか、その状況から脱したいのであれば、やはり一歩前に踏み出さないといけないでしょう。人生は一度きりしかありません。後回しにするのではなく、勇気を出して、さらにもう一歩前へ進んでほしいと願っています。

The Vision 2024

"生き急げ"
後悔せず責任を持つ

山田亜人《やまだつぐと》

株式会社 EF 代表取締役

INFORMATION

株式会社 EF
〒531-0072
大阪府大阪市北区豊崎 3-19-3
ピアスタワー 6F
https://ef-official.co.jp/

PROFILE

山田 亜人

1993 年生まれ。16 歳から 20 歳まで現場仕事に従事したのち、布団の訪問販売会社に転職し 22 歳まで勤務。その後上京し HP 販売会社で営業経験を積み重ねる。2020 年 9 月、26 歳で WEB コンテンツの企画・制作事業を展開する株式会社 EF を大阪市で設立、現在に至る。

デジタルマンガを活用した広告事業

株式会社ＥＦでは、主にデジタルマンガを活用したランディングページ（ＬＰ）やプロモーション動画の制作を行っています。

一般企業、専門職の方々、自宅でネイルサロンを経営する方、飲食店を営むご夫婦など、様々な業界やお客様にご利用いただいてきました。業界・業態に関わらず「集客を増やしたい」「認知度を高めたい」といったビジネス課題を解決できるのが、弊社のサービスの特徴の一つでもあります。

多くの方が、Ｙａｈｏｏ！などのウェブサイト上に表示される、画像付きのバナー広告を目にしたことがあるのではないでしょうか。弊社のＬＰも、これらと同様のディスプレイ広告を用いて周知させるものです。特定のキーワードを検索したユーザーに広告を表示する仕様となっており、適切なターゲティングを可能にしてきました。マンガなので目につきやすく、クリック率やコンバージョン率も高いといった特性があります。マンガ制作は社内で行うこともあれば、外部の作家へ依頼することもあり、お客様のニーズに応じて絵柄や内容を調整し、最適な提案を行ってきました。マンガを使うサービスは世の中に数多くありますが、ＬＰ制作に広告を絡めたソリューションを提案できる企業は決して多くはありません。

そんな中、昨今では「KABUKI Creative」という海外向けのマンガ事業も立ち上げました。日本のマンガは世界で勝負できる産業であり、海外の方々から見るとクリエイティブな制作物で、アートに近い感覚もあるようです。こうした特徴を活かし、海外進出を検討している企業のブランディングなどをサポートできるのではないかと考えてきました。現在はアメリカ市場を中心に展開を模索しており、その前段階としてフィリピン、インドネシア、フランスといった国々にも進出していきます。現地のセールスチームやインフルエンサーを活用し、面白いコンテンツを作っていければと考えています。

営業の道を全力で走った20代

私の父は、わずか26歳で亡くなりました。私は中学を卒業して工業高校に入りましたが、母子家庭だったこともあり、いち早くお金を稼いだ方がいいのではという考えで、現場仕事を始めました。18歳で入った塗装屋の親方は、私にとって初めての「憧れの大人」です。とにかく豪快な方で、まだ20代でしたが、ベンツや水上ジェットを何台も保有していました。それまで富裕層と呼ばれる方々と関わったこともなかったので、当時は親方のようになることを目標にしていましたね。

営業の世界に入ると決めたのは、20歳の時です。その頃知り合った不動産業界に勤める方に「君は営業に向いている」と繰り返し言われたんです。そこで思い切って現場仕事を辞めることにしました。求人誌を開いて最初に目に入った、布団の訪問販売会社に入社を決めました。

初日から足を引きずるまで訪問先を走り回りました。会社の人からは「普通は、初日からそこまで本気でできない」と驚かれましたね。そんなことから先輩が売り方を教えてくれるようになり、着々と営業のスキルを身につけていきました。

22歳の時、東京に行くことを決意します。購入して間もない自動車を売ったお金を握りしめ、鞄一つで上京しました。そこで就いた仕事が、ウェブ商材の営業職です。余談ですが、その会社は当時、入社資格を「高卒以上」と定めていました。しかし、中卒の私が活躍する様子を見て、今では学歴不問となったようです。この時期は猛烈に努力しました。今でも「あの頃には二度と戻りたくない」と思うほどです。当時の私は漢字も読めなければローマ字も知らず、パソコンを使うこともできませんでした。始発で出社し終電で帰り、帰宅後もひたすら営業の音声を聴き続ける毎日。土日も休むことはせず、会社に泊まり込みました。人の倍以上もの時間をかけ、とにかく勉強に打ち込みました。

努力の甲斐あってか、販売スキルは飛躍的にアップしました。営業は歌うことに似ています。音楽が流れれば自然と口ずさむように、考えることなく自然に言葉が出てくるようになります。優秀な先輩の営業音声を何度も聴くことで、その言葉が私の中に染みつき、現場でもスムーズに話せるようになりました。お客様の質問や意見にも、咄嗟に切り返せるようになりました。営業は「どれだけ時間を使って努力ができるか」に尽きると思います。たとえ天賦の才能があったとしても、成功した人は例外なく努力をしています。私も「誰よりも努力しなければ」と常に自分に言い聞かせていました。

そのうち成果もついてくるようになり、最年少歴代記録を更新して役職者になりました。

「人生はお金だけではない」その会社の別の役員から、そう言われたことがあります。しかし私は、その方に経済的な余裕があるからそう言えたのだと思っています。もし自分が十分なお金を手に入れたら、本当にそう感じることができるのでしょうか。これからの人生で、それを確かめてみたいと思います。

父の没年齢と同じ26歳で起業

2020年9月、26歳で起業しました。父が亡くなった時と同じ年齢になり「好きなように自分の人生を送りたい」という思いが強くなりました。

父の死因は癌でしたが、かなり苦しい治療だったと聞いています。しかし、少しも泣き言を言わなかったそうです。病に耐えながら、子ども3人を育てるために働いてくれました。唯一涙を流したのは亡くなる直前「何も残してあげられなくてごめん」と言い残した時だそうです。きっと自分の人生よりも「家族のために何かしてあげたかった」と心残りがあったのでしょう。互いに大事に想い合っていると、自分が幸せであることが相手への恩返しにもなります。父の影響か、子どもの頃からそのような感覚がありました。自分がおもしろいと思う人生を必死に生きれば、すべての恩返しにもなります。

社名は「EF」と表記して「エフ」と読みます。この名前は、私たちが法人化する際、パートナーたちと「仕事をする上で本当に大切なことは何だろう?」と話し合った時に生まれました。会話の中で、全員が「未来（future）」「家族（family）」といった「F」から始まる単語を挙げたんです。そこに「関わるすべての人へ」という意味を込め

て、「for everything」というフレーズを作り、さらに「自分たちから積極的に全ての人に関わっていく」という意志を示すため、「F」と「E」を逆にして「EF」と名付けました。自分自身よりも、誰かのために会社を成長させたい。そんな創業メンバー全員の思いが乗った社名です。

コロナ禍での起業に、周囲からは反対の声もあがりました。ですが私は、このような時期だからこそチャンスだと考えていました。元々ポジティブな性格もあって、多くの企業が集客に苦労しているこの時期にこそ、市場のニーズが高まると見込んでいました。

営業指導を通じて人を育てる

弊社に入社した社員には、まず最初に〝ほしいもの・したいことリスト〟を作ってもらいます。これは、目指すべきゴールを明確にするためです。ほしいものの価格を調べ購入の期限も設定します。このように人生のロードマップを作成し、1~3年以内にできる具体的な行動を一緒に考えていきます。

目標を持って仕事に取り組んでいる人は、あまり多くありません。しかし、これではゴールがないマラソンをしているようなものです。ゴールまでの距離がわかれば、途中で挫折しそうになっても頑張ることができます。目標を達成できなかった時は、誰もが「悔しい」と感じるものです。そのため、計画を前倒しで進めるように勧めています。また、日常の業務に追われる中でも、最初に立てた目標を忘れないようにすることは大切です。弊社では定期的に研修を行い、それぞれのロードマップを振り返る時間を設けています。

営業マンには、売るものが2つあります。1つは商品、もう1つは自分自身です。実際、営業のノウハウを身につければ、商品を売ることは誰にでも可能です。自分自身をうまく売り込めずに、契約を逃すことがあります。人は誰しも「嫌いな人からは何も買いたくない」と思うものです。

営業スタッフを指導する際、話し方や身振り手振り、立ち振る舞いなど、細かな点にまで気を配ります。日頃の挨拶など、人として当たり前のことができない人は案外多いです。

マナーだけでなく、相手の立場や気持ちを考えて行動することも大切です。行動の先を想像し、視野を広く物事を見ることで、人を思いやることができるようになるのだと思います。このような態度は業績にも反映されますが、日頃の心がけがなければ、お客様の前でもうまくいきません。

また、これらの指導を行うには、社員との関係性を深めることが必要不可欠です。一歩間違えると、その人の人間性や育ちを否定することにつながります。弊社の社風は「今の時代に合っていない」と思われることがあります。しかし、未来の社会への影響を考えると、こういった指導は必要だと感じています。10代で仕事を始めた時、私の周囲には「昭和の人」がたくさんいました。挨拶なども厳しく指導してもらいましたね。しかし今の若い人たちは、そのような指導を受ける機会があまりありません。実際、こちらが注意をしても、真剣に受け止められていないように感じることもあります。

大事をなすには、必ず人を以って本となす

経営者に必要なのは「人を大事にする」こと、これに尽きます。この考えは、「三国志」の名言

「大事をなすには、必ず人を以って本となす」から来ています。毎日の入浴時には必ず、一日の振り返りを行います。自分の言動を省みて次に活かす。心をリセットして新たな日を迎えるための習慣です。

やはり人を見捨てる会社は大きくなりません。私は〝金持ち〟よりも〝人持ち〟になりたいと思っています。私がこの世を去った時「何人が葬式に来てくれるか」ではなく、「心から寂しいと思う人がいるか」が重要だと考えています。

アメリカの心理学者・マズローの提唱する「自己超越欲求」という概念に注目しています。これは、やりたいことを全てやり切った人間が、他者のために行動したいと思う欲求のことです。例えば使い切れないお金を手にしたとします。皆、まずは自分がほしいものを買うでしょう。次に、残ったお金を大切な人のために使う。ここには見返りの気持ちはないはずです。まずは自分自身を満たした上で、他者のことも考えられるようになります。皆が心の底から「誰かのためになりたい」と思えるようになれば、いい世の中にしていけると思います。これを社員全員で叶えていきたいです。

お客様に対しても同じです。集客を成功させ豊かになっていただきたい。弊社の営業では「絶対」や「必ず」といった言葉は使いません。物事に「絶対」はないからです。嘘や誤魔化しを許さず、本気で向き合わなければなりません。エネルギーがいりますが、お客様に誠実に向き合うことを大切にしています。

「生き急げ」に込められた想い

経営理念である「生き急げ（Rush to live）」は、私が常々口にしていることです。人間は、いつ死ぬかわかりません。私自身もそうですが、社員やお客様にも後悔はしてほしくありません。自分で決断し、行動に責任を持って日々を過ごしてほしいです。私たちのミッションは、「戦う現代人の応援団となるネオ体育会系組織」であることです。日本人のワークエンゲージメント（仕事への熱心さ）は全体の５％と言われています。残念な数字と思われがちですが、反対に捉えると、日本は稼ぎやすい国であると言えます。漢字も読めずローマ字も打てなかった私でさえやれました。弊社からの発信によって、現役世代のワークエンゲージメントを１％アップさせることを目指しています。

バリューですが社員に決めてもらいました。つまり、会社の方向性を考えるだけでなく決めるということです。「やらされている」組織ではなく、「自ら行う」組織を作る狙いがあります。

今ある命を存分に生き切る

「一瞬の慢心が一生の後悔に、一瞬の勇気が一生の財産に」これは私が心に留めている言葉です。今ある命を存分に生き切ることができるか？　漠然とですが、これを常に試されている気がします。父は精一杯生きていましたが、若くして亡くなりました。理不尽なことだと思いますが、それが人生です。叶うならば今、そんな父に「素敵な人生をくれてありがとう」と言いたいです。

重要なのは、自分の人生に集中し全力で生きることです。そのためには、自分が心から働ける環境を整えることが不可欠です。会社が軌道に乗った時、私は「人生を変えてみないか」と言って地元の友人を誘いました。私は誰にもくすぶった人生を送ってほしくありません。各自が自分の望む働き方を実現することは社会貢献にもつながります。経済が活性化し、利他の精神が生まれるからです。

ゆくゆくは子どもに関わる事業もやってみたいです。以前、託児所のフリーランス化事業を計画したこともあります。保育事業は子どもの命を預かる大切な仕事であるにも関わらず、賃金は低い傾向にあります。フリーランス化すれば、この状況を改善し離職率も下げることができると思っています。また、会社のホールディングス化も目指しています。営業で突き抜けている人間を経営者にし、その傍らに広い視野を持てるゼネラリストを配置すれば、それぞれが自分の仕事に集中できる環境を作ることができると考えています。

読者の皆さんにも自分の人生を一生懸命に生きていただきたいです。特に、若い方たちには、弊社に来てほしいと思っています。人生を豊かにする手助けができると思います。

The Vision 2024

物流業界を改革しイメージを刷新する

なかじま けいた **中島慶太**

株式会社 AhaAgent　代表取締役

INFORMATION

株式会社 AhaAgent
〒 103-0025
東京都中央区日本橋茅場町 2-16-6
D style701
https://www.ahaagent.jp/

PROFILE

中島慶太

2014 年、トラックの運転手として現場業務を行う。下積み期間を経て、2020 年 11 月、株式会社スワロー輸送代表取締役に就任。業界の課題である人手不足、2024 年問題、業界イメージに対し課題解決のための会社を設立することを決意する。2022 年 11 月、株式会社 AhaAgent を設立、代表取締役に就任。

物流業界の人材サービス事業

弊社では創業以来、物流業界を主とした人材サービス業を営んできました。例えばトラックドライバーになりたい個人の方が、弊社の求人サイトやアプリをご利用いただくといったサービスになります。我々はキャリアアドバイザーという立ち位置で、転職されたい方のご相談を受け、マッチする運送業者を紹介。これまで多数の実績を重ねてきました。

そうした事業を営む中で弊社は、「アハっと笑える人生を」という社訓を掲げています。社名の「Aha」は社訓に由来しており、物流業界のイメージを刷新していきたいという思いも込めて命名しました。

一般的に物流というのは、生産からそのゴールまでを指します。その間に物流倉庫などの中継地をつけることを「ロジスティクス」と呼称し、聞き馴染みのある方も多いのではないでしょうか。つまり生産者から消費者にどうやっていち早く荷物を届けるのか、その経路が勝負になります。そして物流は、社会に必要不可欠な業界なのです。

父の姿がかっこよかった　家業を継ぎ独立へ

私がそんな物流業界に飛び込んだのは、もともと父が運送業を営んでいたことがきっかけでした。現在も父は運送業を継続しており、私自身にとっても幼い頃からトラックが身近なものでした。当時はまだ小さな会社でしたが、現在も事業は着実な成長を続けています。父は遅くまで仕事に身を投じ、家に帰ってこないことも日常茶飯事。子供ながらに大変な仕事なんだなと感じていました。そうした原体験が「父の姿や運送業という仕事がかっこいい」という感覚を根付かせてくれたのかもしれません。

そのため私は、小学生の頃から家業を継ぎたいと強く思ってきました。その後、父の病が転機となり18歳でこの業界に足を踏み入れたのです。当時から「現場がすべて」だと教わってきた私は、すぐさま中型免許、トラックの免許を取得しました。トラックドライバーとして、一日でも早く即戦力として働けるようになりたかったからです。しかし父は、私にトラックドライバーをさせたくなかったようでした。身近でたくさんの事故を目にし、多くの危険が伴う仕事だということを誰よりも理解していたからでしょう。しかし私としては、実際にトラックドライバーの方々とお仕事の現場で関わっていく中で、自分だけがトラックに乗っていないという事実が腑に落ちませんでした。

そして父の反意をよそに、初めてトラックを運転したときのことです。先輩からこう注意されました。

「他人に刃物を突きつけている気持ちで運転しなさい」

商店街などの狭い道も通りますから、私はその言葉をきっかけにより細心の注意を払う意識が芽生えました。

そんな最中、私は業界の現状に危機感を抱くようになります。周りを見渡しても同年代の人が働いていない、デジタル化や働き方改革がまったく進んでいないという現状を目の当たりにしたからです。

その後、2020年11月には代表取締役社長に就任し、協力会社を探しました。その際にもイノベーションが進んでいない現実を思い知ることになります。例えば軽貨物事業は時代と共にイノベーションが進み、進化が繰り返されてきました。Amazon などEC事業の進出も大きな足がかりとなったからでしょう。だからこそ私は、一般貨物事業でもさらなる挑戦をしていくべきだと決意しました。そして2022年11月に独立。AhaAgent を設立したのです。

若手人材が不足する一般貨物

以前から物流業界は、3K（きつい、汚い、給料が安い、または危険）の職業だと位置付けられてきました。しかし現在は、そうしたイメージが少しずつ変わってきています。事業主が保有するトラックは購入からリースの時代へと移り変わり、バックモニターやレコーダーなどが搭載された新車を扱うことも通例となりました。おそらく業界に足を踏み入れてみると、イメージの違いに驚くのではないでしょうか。

しかし、若手の人材が不足している現状に変わりありません。どのように人材を確保していくのかは、運送に携わる多くの事業者にとって喫緊の課題でもあるでしょう。

そんな中、先にも述べた通り軽貨物事業では年々車両数が増えており、ドライバーも増え続けて

きました。その理由は、業務委託ができるからです。

一方、一般貨物事業では選任運転者にならないと運転業務ができないという規制もあり、人材確保のハードルはどうしても高くなってしまいます。運転業務に専念することが前提となるので、人材の流動性もありません。ちなみにアメリカの規制では日本よりも間口が広く、個人事業も可能となる職業です。個人でトラックを所有することもでき、ウォルマートなどのトラックドライバーの平均年収は1千万円台。現状、アメリカと中国が世界の物流のトップを走っている要因には、こうした柔軟な法規制の背景があるからなのです。

とくに現代の若い方々は、より自由な働き方を求めていく傾向にあるでしょう。そのため規制などでがんじがらめにするのではなく、まずは「トラックに乗ってみよう」という気持ちを持っていただけるような仕組みをいかに構築できるかが重要な鍵を握っていくと感じています。

また、「２０２４年問題」がメディアでも大きく取り上げられるようになりました。物流業のみならず、建設業や医療従事者など、多くの働く方々のためになるような議論が必要なのだと思います。「２０２４年問題で給料が減る」などとテレビや新聞で煽られてしまうと、単にイメージが悪くなる一方でしょう。若い方々の「挑戦しよう」という真っ直ぐな気持ちを、悪しきイメージや規制、過度なアナウンスの仕方によって絶えさせていけない。そんな風に私は思っています。

一日だけでもトラックに乗れる新サービス

実際に弊社では、自由な時間で働けるよう、新しい採用事業も考えてきました。もちろん業務委託は法律で禁止されていますから、正社員として斡旋していくことが前提となります。そこで重要なのは、実際に業務に携わることや、一日だけでもトラックに乗れる自由で柔軟な環境を整えていくこと。それらを実現するマッチングサイトを現在制作中です。これは他社との大きな差別化になるのでないでしょうか。

現在はドライバー派遣が主流で、派遣事業者は特定の人物を選ぶことができません。法律で定められており、誰でも割り振らなければならないのです。とはいえ、すぐに運転できるかと聞けば、できないことも多い。マニュアルの運転経験がないドライバーが派遣され、配送会社の負担になる現状も見受けられます。

軽貨物事業の成功は、法規制や環境面など、ハードルの低さも大きな要因となってきました。とくに若い方々は実際にやってみて、「ああ、やれるじゃないか」と自信を持てることで継続する原動力にも繋がっていくでしょう。そうした経験を積むためには、まずは「やってみる」ことが重要なのです。弊社でも同様の機会を提供していきたいと試行錯誤を続けてきました。

効率化のためには見える化が必要

マネジメントの父と言われるピーター・ドラッカーが「物流は最後の暗黒大陸だ」と述べています。つまり、先が見えてこないという意味です。

アメリカの物流は大きな変革を遂げており、ロジスティクスに力を入れる企業も増えてきました。先に挙げた Amazon は世界一のロジスティクス企業とも言われています。一方で、多くの日本企業はそこまで注力できていないのが現状でしょう。

効率化において大切なのは〝見える化〟だと私は考えています。例えば棚卸しの際、どこに商品があるのかさえわからない状態の倉庫があるとします。在庫確認も手作業で行っていて、バーコードを一つひとつスキャンしなければならない。そのような倉庫の環境下で、例えばユニクロなどが使っている「ＲＦＩＤタグ」を活用した場合、リアルタイムで物の位置がすぐにわかるようになります。当然、システムの導入は高額なコストがかかるため、現実的ではない企業がほとんどでしょう。だからこそ安価に抑えながら「見える化」を実現していき、誰もが手の届く効率的な物流にし

ていくこと。それが今の私が思い描くビジョンなのです。

最高の笑顔を　日本中の働くを倖せにする会社

弊社のミッションは、「一番の笑顔を働くにいつも仕事中にこそ笑いがある　最高の笑顔を日本中の働くを倖せにする会社」。文字通り、「幸」ではなく「倖」と記してきました。人がいないと幸せにはならないからです。

今後、世の中に自動運転が発達しても、トラックから荷物を下ろし陳列する人の手や頭脳がなければ物流は成り立たないでしょう。ＩＴ革命が進む中、いろいろな仕事がなくなっていくと言われていますが、運送業界は二足歩行ロボットが普及するまで残っていくと思います。

しかし世界的に見てもトラックドライバーの

イメージは良いものではないと感じますし、まだまだ改善できる余地はあるでしょう。そして先にも述べた通り、物流は生活に必要不可欠であり、ドライバーがいなければ人々の生活は成り立たないのです。だからこそ私自身も業界の底上げをしていく使命感を持ち、業界のイメージをより良くしていくことを切に願ってきました。

物流業界の人材サービス業を営んでいる経営者の中で、実際にトラックに乗った経験が持つのは私だけかもしれません。この差異は非常に大きく、私の最大の強みでもあります。将来、尊敬する父の会社を継ぐかはわかりませんが、もし承継することとなればさらなる強みにもなるでしょう。そして効率化と見える化を日々改善し、物流業界の希望やパイオニアになっていけるよう奮闘していくこと。それが私の大きな使命でもあります。

考えは言葉となり、言葉は行動となる

ビジョンは時に足かせになることもあるでしょう。大きなことを公言し、実行に移すことは容易なことではないからです。ビッグマウスであればあるほど、「邪魔な存在」「生意気」と捉えられることもあるでしょうし、ビジョンには常に困難が立ちはだかります。私の好きなイギリスの元・首相、マーガレット・サッチャーは、「考えは言葉となり、言葉は行動となり、行動は習慣となり、習慣は人格となり、人格は運命となる」と言いました。たとえ大きな公言であれ、物事何かを始めるにはまずは思い、言葉にしなければ進まないのだということです。

だからこそ若い方々にも、まずはやってみてほしいと思います。それはトラックに乗ることに限りません。やってみると、最初のイメージが変わることもあるでしょう。もし現状を変えたい、何かを乗り越えたいと思うのなら、ぜひ言葉にして、その言葉を行動に移してみてください。

The Vision 2024

人と企業の可能性を引き出し、世の中のポテンシャルを飛躍させる企業

げほう あきずみ 下方彩純

未知株式会社 代表取締役

PROFILE

下方彩純

2007年新卒としてシード期のITベンチャー企業に入社し、メディア運営、マネジメントを学ぶ。同年、株式会社フリープラスの立ち上げに参画。同社の主幹事業であるインバウンド事業の根幹を作り上げる。2017年未知株式会社を創業し、代表取締役に就任。前職でのポテンシャル人材との出会いから、事業によって人を育てる人財育成企業をめざし、学歴や職歴だけではないその人のポテンシャルを見た採用（ポテンシャル採用）を広めるため活動している。

INFORMATION

未知株式会社
〒531-0071
大阪府大阪市北区中津1-18-18
若杉ビル6階
https://www.mchs.co.jp/

「社長の頭をDX」、事業の根幹を深掘りし企業のポテンシャルを引き出す

弊社では「世のポテンシャルを飛躍させる。」をミッションに、人と企業のポテンシャルを引き出す活動を行ってきました。その取り組みの主体となるのが、企業のポテンシャルを引き出す「コーポレートコーディネート事業」です。

コーポレートコーディネートとは、企業経営者個々の考えを整理し、企業のポテンシャルを引き出すこと。経営者からヒアリングした内容をもとに、広報活動や人材募集のご提案や制作物の作成を行い、企業の魅力アップのお手伝いをしていきます。

実際のコーディネートでは、まず経営者の方に1時間程お時間を頂戴し、じっくりとヒアリングを実施。起業の動機や事業内容、今行っている具体的な仕事内容などを丁寧に伺っていきます。現在行っている事業では創業者の幼少からの想いとリンクすることが多く、時には生い立ちまで遡りお聞きすることもあります。しかし、こうした生い立ちに関するエピソードはコーポレートサイトにはほとんど紹介されていないことが大半ではないでしょうか。

そしてヒアリングした内容をもとに、経営者のご希望や目的に合わせたアウトプットをご提案します。たとえば解決したい課題が人材採用の場合は、採用サイトや採用向けコンテンツの制作を立案。企業のイメージアップであればコーポレートサイトの改善を、という具合です。具体的な状況をお聞きしてから解決策のコーチングを行うため、コーディネートというよりも、むしろコンサルティングに近い事業と言えるかもしれません。直近では同事業のキャッチフレーズを新たに付け加

え、「社長の頭をDXする」と謳ってきました。自社の価値創出に悩む経営者の方が、一人でも多くこのサービスに興味を持っていただけたらと考えています。

「あの話はどこへ？」飲み会の後、覚えた違和感が根幹事業へと成長

この事業をスタートさせたのは、様々な企業経営者とのご縁、お付き合いがきっかけでした。経営者同士の飲み会や交流会に参加すると、事業や取引先の話をすることも少なくありません。お話の内容はさまざまですが、どのような課題をどう解決したのか、起業した背景や組織作り、人材採用など、会社経営の根幹に関わる話題がほとんどです。お酒の開放感も手伝ってか熱のこもったお話も多く、「うちの会社は社員のことを心底大事にしている」「社内満足度も高い」など、自社への想いを1時間以上語る経営者も数多くいらっしゃいます。そうした声に呼応するように、私は「それなら採用サイトを作りましょう！」「動画で発信しましょう！」などといった提案を交え、熱いトークが2時間以上続くケースを幾度も経験してきました。

当然、そうした交流の場では名刺交換をさせていただき、私自身も興味を持ち、翌日に対象企業のコーポレートサイトや採用サイトを閲覧します。しかし驚くことに、件の交流会などでお聞きした内容がほとんど発信されていないのです。経営者の生の声として感銘を受けた「社員を大切にする」はもちろん、「社内満足度」のお話も採用サイトなどでは一言触れられていない。それが現実なのです。

つまり経営者の熱い想いを明確に発信できている企業というのは、とても少ないのだということ

が分かりました。「とても実のある、面白いお話をしてくれたなぁ」と私が感じたエピソードであっても、その根底にある想いは意外なほど外部に伝えられていません。「伝えられていない」数値の統計をとったわけではありませんが、これまでの私の体感では全体の2割程度ではないでしょうか。残りの8割に及ぶ魅力あるエピソードは、飲み屋の場に消えてしまっているのが現状だからです。これは非常にもったいないことだと言えるでしょう。

「社長、昨日のお話は非常に参考になりました。でも公式サイトでは紹介してないんですね？」

私は折を見て交流会で知り合った方々と連絡をとり、問い続けてきました。すると次第に「それなら下方さん、やってくださいよ」とお願いされることが増えていったのです。多くの経営者も、心に秘めた想いを本当は発信したかったのだと実感します。そうした気持ちに応えるため開始したのが、弊社が提供する「コーポレートコーディネート事業」でした。

仕事量は人の4倍！　新卒入社後のハードワークな日々

話は遡りますが、私自身のキャリアや今に至る経緯についても少し触れさせてください。私が社会人としてキャリアをスタートさせたのは、2007年のことでした。新卒でITベンチャー企業に入社し、社会人のイロハはもちろん、メディア運営やマネジメントに携わっていきます。当時はベンチャーブームの真っただ中で、「ハードワークこそ美学」という社風によって良くも悪くも密度の高い経験を数多く積むことができました。入社から半年で週のうち3日は会社に寝泊まりし、残りの3日は夜中の2時に帰宅するという生活がスタンダードになっていきます。今から思えば、わずか半年の間に他社の2年分の仕事量をこなした。そんな自負があります。そして費やした時間の分、同世代の人よりもスキルが身に付いたことは確かです。しかし、そんな過酷な環境下にも関わらず、勤め先である社長の言動にはいつも思いやりが感じられませんでした。自分は何のために働いているのかと、次第に虚しさを覚えるようになっていったのです。そんな最中に知り合ったのが須田健太郎さんでした。この方こそ、大阪を代表するベンチャー企業である株式会社フリープラスの創業者。直々にスタートアップ企業への参加に誘われ、二つ返事で承諾させてもらいました。私にとってはまさに渡りに舟の出来事でした。その後、同社の創業に参画したのですが、メンバーは社長と私だけ。初年度こそSES（システムエンジニアリングサービス）の営業などを行い大きな利益を出すことができたものの、2年目にはリーマンショックの影響もあり経営は危機的な状況に陥りました。経営拡大の一手として靴の事業などを手がけるなど暗中模索が続き、打開策として見出したSEO事業に経営の軸足を移すことでなんとかV字回復を果たしています。

関西を代表するベンチャーでキャリアを重ね、未知株式会社を創業

その後、私は2010年にマネージャー職に就任。その頃、国策の一つとして世の中を活気づけていたのがインバウンド（訪日外国人旅行客）の拡大です。そうした背景が後押しとなり、フリープラスには各地の自治体から観光プロモーション依頼が数多く寄せられるようになりました。案件の増加とともに徐々に対応が難しくなり、立ち上げたのが観光メディアです。同メディアはインバウンドのマーケティング事業として大きく成長を果たし、フリープラスの事業の根幹となる屋台骨となっていきました。当時の私はというと、訪日外国人の〝爆買い〟の実態を探る調査事業に参画し、「ウェブマーケティング・地方創生・インバウンドリサーチ」の3つの事業を統括。2011年からは取締役に就任し、「このままいけば上場も視野に…」などと考えつつ、忙しいながらも充実した日々を送っていました。しかし次第に会社の方針が変わっていきます。「国内向けのインバウンド事業は撤退する代わりに、国外向けを強化する」という事業方針の変換でした。それこそが自分自身のキャリアを改めて見つめ直す契機となり、「これからどうするべきか？」という自問自答が、日ごとに私の脳裏をよぎるようになっていったのです。そこで気づいたことの一つが、実は自分は思ったほどインバウンドに興味がないのだという事実でした。私は英語が堪能な方ではありませんし、国内事業にまだまだ強い魅力を感じていたからです。その頃には上場の話も立ち消えとなったこともあり、これも一つの区切りだと考えるに至りました。そして2017年にはフリープラスの退職を決意。新天地として未知株式会社を創業したのです。

最初にスタートさせたのは「コンテンツマーケティング事業」でした。コンテンツマーケティングはＳＥＯのノウハウを使った集客が目的であり、ＳＥＯの本質でもあります。その後、創業から３ヶ月くらいはＳＮＳで知り合った会社を巡回するような形で営業し、早々に黒字化を果たします。順調なスタートと言えました。その成果を皮切りに、さらに事業を軌道に乗せていこうとスタートさせたのが先に述べた「コーポレートコーディネート事業」だったのです。

ブランディングで大切なのは「会社がどう見られたいか」を知ること

弊社にはこれまで、数多くの経営者から様々な声が寄せられてきました。中でも「ブランディングしたいけれど、お金もかかるし自分の思いを伝えきれない」というご相談は非常に多く耳にします。私はよく、その返答として「スマホでインカメを開いて録画を押し、今の思いを話していただいていいですか。それをホームページに載せたらどうでしょうか?」と提案します。つまりブランディングは､単によく見せるための施策ではないからです。必要以上に飾る必要もありません。もっとわかりやすく、シンプルに掲載するだけで良いケースが大半を占めるでしょう。何よりも重要なのは、まずは自社の中身を整理することです。そのために弊社のコーポレートコーディネートでは、丁寧にお話に耳を傾け、ヒアリングを重ねてきました。「どういう会社として見られたいのだろうか」。この記事をご覧になっている経営者の皆さんも、今一度ご自分に尋ねてみてください。きっとそれは自社の「ミッション・ビジョン・バリュー」や「経営理念」と一致するはずです。シンプルなこのメソッドを、私たちは「ライトブランディング」と呼んできました。そして自社の一番大切なアピールポイントが見えたら、次のステップとなるのが外部への発信です。その表現の場はコーポレートサイトに他なりません。実際にブランディングのテクニックは巷に無数に溢れていますが、何より一番大切なことは自社の訴求ポイントを見極め、アウトプットすることなのです。

ミッション・ビジョンは社内にも浸透を

ミッション・ビジョンとは、「自分の人生を賭けて何をやるのか？」という問いに対する言語化と言えます。社内へのメッセージでもあるでしょう。しかし現代の若い方々の中には、生活のための金銭報酬よりも「誰のため、何のために働くのか」という価値報酬を重視する方が少なくありません。ミッション・ビジョンはその問いへの答えでもあるのです。

そして、その思いを共有することで、社長と社員のベクトルは一つになっていくでしょう。考えや行動がブレなくなり、社員の採用精度や定着率のアップといった好影響も期待できます。

実は現代の若い方々の中には、生活のための金銭報酬よりも「誰のため、何のために働くのか」という価値報酬を重視する方が少なくありません。ミッション・ビジョンはその問いへの答えでもあるのです。「1万社の中で、9999社はミッション・ビジョンを掲げただけで終わっている」。こう表現しても差し支えないでしょう。ちなみに弊社のミッション・ビジョンは全社員で共有するだけでなく、誰もが私と同様に説明ができるほど落とし込まれています。ミッション・ビジョンが

あることはとても大事なのは言うまでもありませんが、しっかりと社内にも浸透させた上で、それらを体現することが企業価値や評価を高める要因となっていくのだと思います。

ポテンシャルを秘めた人を1人でも多く大成させる

冒頭で私は、弊社が力を入れる活動を「人と企業のポテンシャルを引き出す」と申し上げました。「人」のポテンシャルにも注目する理由は、私が「世の中に〝できない人〟は一人もいない、絶対に誰もが光り輝ける」と考えているからです。そう思うようになった、実際に私自身が体験したエピソードを一つご紹介したいと思います。私が以前勤めていた会社での出来事でした。

当時、私の部下の一人だった営業職の男性社員は、成績が振るわず、通常1年半在籍していれば数千万円の数字をあげられるところ、30万円の達成がやっとの状況。「なぜこれほど結果をだせないのか」といくら考えても理解できなかった私は、改めて彼と話をする機会を設けました。すると、思ってもみなかったことが分かったのです。彼の前職は飲食業で、先輩社員が横について教える「マイクロマネジメント」という手法で仕事を学んできたという事実でした。当時の私は部下に戦略や戦術、ミッションを与え、自由に活動させていくマネジメントが基本。しかし、それは彼に必要な教育ではなかったのだと思い知らされたのです。自らの間違いに気づいた私は、翌日から彼の教育方針を変えました。私の営業スタイルを徹底的に真似るように指示をしたのです。私の話す姿を録画し、営業トークを一字一句暗記するほど徹底して学んだ彼は、半年後にはリーダーに昇格。2年後にはヘッドハンティングされ、とある会社の大阪支社長を任されるまでに成長したと聞いてます。

「世の中にはできない人などいない、伸びるポイントが見つかれば、誰でも成長できる」。彼の姿から、私は人のポテンシャルの大きさを強く実感しました。その一方、今の世の中では秘めた可能性を見出させていない人も少なくありません。だからこそ「一人でも多くのポテンシャルを伸ばし、未来の価値をあげたい」という想いに掻き立てられました。それが未知株式会社を創業した一番の理由でもあります。2017年以来、弊社が採用した人材は未経験者率が100%。それにも関わらず、これまで支援した企業は100社を超えました。この実績こそ人が秘めているポテンシャルを証明するものだと思っています。未知株式会社のビジョンである「全ての人が輝く世界に変える」ためにも、可能性を秘めた人たちが活躍できる世の中の実現に向け、今後も邁進したいと考えています。

The Vision 2024

徹底したブランディング！トップシェアのインナーウェア

みやけゆうた 三宅裕太

株式会社 ActiveM JAPAN 代表取締役社長

PROFILE

三宅 裕太

神奈川大学卒。社会人になり専門商社と経営コンサルティングを経験。その後、かねての夢の一つであった教員になる。高校野球の監督に 2018 年就任。その年に教員を辞め起業。辞めてすぐにアクティブームを個人事業主で開業して、その後法人化。

INFORMATION

株式会社 ActiveM JAPAN
https://active-m.yokohama/
Instagram：activem_japan

高校野球部監督就任と同時期にスポーツ用品メーカー起業

株式会社ＡｃｔｉｖｅＭ（アクティブーム）　ＪＡＰＡＮは、製造・販売を事業の中心としたスポーツ用品メーカーです。主力製品は、野球選手やランニング選手などが着用するインナーウェア「コンフォートインナー」、こちらは５００名以上のプロ野球選手に愛用していただき、最近ではグローブやバットも手がけています。これらの製品は、全国の野球専門店やスポーツ量販店のほかに弊社のオンラインショップ、楽天などでご購入可能です。

私自身、幼少期から野球を始め、高校時代は文字通り野球に打ち込んでいました。その頃から現在に繋がる人脈を形成し、さらに大学受験の浪人時代に将来起業するきっかけを与えてくれた様々な仲間に出会いました。大学を卒業したあとは専門商社に入社し、その後、コンサルティング会社に転職したことで企業の社長や経営者と直に触れ合い、多くを学ぶことになったのです。様々な社長を見てきましたが、このときに培った観察力は後にとても役に立ちました。あるとき「今日は奢りだから、みんなの弁当を買ってきてくれ」と頼まれると、それぞれの好みのお弁当を、しかもリクエストも聞かずにドンピシャで買ってこないといけません。まだまだ若かったのですが、自分なりにどう懐に入っていこうか、どう駆け引きしていこうか視野が広がりましたし、気遣いの大切さも学びました。

成功している方は謙虚で、感謝や恩返しということを深く理解しています。だからこそ新たなアイデアが浮かぶのでしょう。成功とは一発屋のことではなく、何事も成功を収め続ける人を目指すのだと考えています。謙虚さがステップアップを後押しし、感謝が自分のただの人間という感覚を維持し支えられているため今があると自性を再認識でき、恩返しの心がどれだけ自分がギブできるかの挑戦心となる。こういう考えに至り、肝に銘じ絶対に忘れない信念としたのも、この頃の経験が大きかったでしょう。

この当時は成果も上げていたので、給料もそれなりにいただいていました。夜中2～4時まで仕事をすることもあり、上司から「ホテルに部屋取ってあるから」と言われ、仮眠のために行ってみるとスイートだったという世界です。正直、今のままでいいかと迷ったこともありましたが、同時期に教員免許を取得しており、夢である教員にいつかはなるのだろうと思っていましたので、意を決して会社を辞めました。教員時代は常勤も非常勤もあり、大先輩が強く推してくださったことで、2018年春からは念願の高校野球部の監督を務めることになりました。ただ、その年すでに起業を考えていましたので、そのことも理解していただき外部の監督として就任することになったのです。

いざ教員になって幅広い年齢の方を見ているうちに、将来の自分と重ねていくようになり「自分の人生の時間が限られてきてしまうな」と実感しました。契約満了によって教員を辞め、その日のうちに個人事業としてActiveM JAPANを設立し、その後法人化しました。たった一度の人生、「多くの経験をして多くの夢を叶えたい」という気持ちを元に起業したのです。

シェアトップ級のウェア開発秘話

とにかく「こだわりのモノ」を作りたいと、起業前からインナーウェアの構想は練っており、地道に工場などのリサーチも行っていました。普通のものを作っても勝てないのだから世にないものを作り、業界に風穴を開けるんだという強い思いを抱いていました。実際、インナーウェアというと無地のものやピチッとしたものがコモディティ化し、同じような商品ばかりだったのです。

私の野球歴30年の経験からも、今こそ何か変化をさせなくてはいけないという切実さと確信を得ていました。きっと私と同じような思いを持っている人はいる、こだわりのウェアを待ち望んでいる人がいる、そう信じて研究開発に汗を流した日々を送っていたのです。そして1年間、何度も試行錯誤を繰り返し、ようやく自分自身を納得させてくれた製品が「コンフォートインナー」でした。

その特徴はズバリ着心地の良さ、腕にフィットし胴体はルーズという設計です。「軽くて伸縮性もあって、むしろ着ている感触がしない」と瞬く間にSNSなどでも好評の声が広がっていきました。

胸が締め付けられるタイプのウェアはシワが寄って腕が回しにくいので、既存製品の中には個人的な好みのものがなかなか見つかりませんでした。おそらく多くの方が「コンフォートインナー」を着たことにより、どういう理由で既存製品に不満を感じていたのかを気づいたのかもしれません。

実際、野球選手のパフォーマンスをデータ化してみると、投球時の外腹斜筋まわりの活動量が通常の3倍、投球スピードが平均3キロ上昇したのです。

ただ、ウェア企画開発の裏側を述べますと、当初リストアップしたすべての工場は条件などが合わず断念していました。一時期は妥協しようか、と迷いましたが自分自身を裏切りたくありませんでした。その後も半年以上の時間を費やし適した工場を見つけることができました。商品化するま

でに最も時間を要したのは工場探しで見つかってからはスピーディーに進みました。いざ、完成品を持って自主練習中のプロ野球選手に直接届けたところ、反応は上々で「こういうウェアを待っていたんです」とその選手からメールや写真が次々と送られ、他の選手も試着しているツーショット写真まで送ってくれました。「コンフォートインナー」は市場の2・3倍もする製造価格ですが、我々が取り扱う商品は楽天などのネットショップでも常に上位です。中途半端な製品だったら大手メーカーには勝てなかったでしょう。

子どもに憧れ続けてほしいウェア

私はトップダウンでのブランディングを考えていました。つまり「プロ野球選手が着ている憧れのウェア」があるので「それを着てみたい！」という仕組みです。プロ野球、その次に社会人野球、大学・高校野球という風に順繰りに口コミが波及していくと捉え、実際にその通りになってきています。

以前からジュニア用を作ってほしいという要望も多くあり、社内でも「ジュニア用を作りませんか」という声も上がります。目の前の売上を考えたら作ってしまいそうですが、現在は作っていません。しその予定もありません。ジュニア用を作ってしまうと「子どもでも着られるウェア」になってしまいます。ある小学生チームでは、どうしてもActiveMのウェアが着たいということで、高学年の子たちがSサイズで揃えたら今度は低学年の子たちが「着たい！」と憧れるようになり、結果的に揃えることができたケースがありました。このようにいつまでも憧れ続けられるブランドでありたいと思っています。

発売当初から口コミだけでウェアの良さが広がっていきましたので、通常の売り込みはしませんでした。あまり売り込みすぎると、どうしても安っぽく見えてしまうという理由もあります。YouTubeの出演や元プロ野球選手との対談などのご依頼もありましたが、当初は断っていました。また、かつては各都道府県1店でしか取り扱わないという方針を取ってもいました。

価格競争に巻き込まれることもあり2023年には値上げしましたが、「ものづくりにしっかりこだわり、プライドを持ってやっています。だから苦しいけれど値上げしました」と消費者に伝え賛同を得られています。現在、根尾昂選手（中日ドラゴンズ）や上野由岐子選手（ビックカメラ女子ソフトボール高崎）をはじめ、様々な選手にアンバサダーを務めていただいています。根尾選手は「これでパジャマを作ってくれませんか」と言ってくれるほど、着心地に好感を持ってもらえています。

信頼と格のあるブランドづくり

まずは「信頼を得る」ことが大事だと考えていて、マーケティングやブランディングはその信頼づくりへとつながっています。マーケティングで「ブルーオーシャン」「レッドオーシャン」と表現します。分母に限りがあるため、皆ブルーオーシャンを目指しますが、私は分母よりも分子に注目しており、分子同士の繋がりを大事にしています。これは言い換えると口コミなのかもしれません。自然発生的に分子が増えていくことは、会社としての社会的価値や貢献の高まりに通じていくのではないでしょうか。

「この鞄いいでしょ」と自慢したくなるのはブランドが浸透していて相手も憧れるから、価格にしても安いものを自慢することはありません。しかし、その商品が世の中に1000個しかないなら価格に関係なく手に入れたいと思うでしょう。ActiveMと出会えて良かった、ActiveMを手に入れられた人はラッキーだと羨ましい気持ちになってくれたら嬉しいです。換言するなら「格」、製品に「格」を持たせて、世の中にお届けしたい。「格」のある製品を買って、自慢することで分子を繋いでいく。それは幸せだから発信しているのだと思いますので、その幸せをつくっていきたいと本気で思っています。

そういう意味ではメーカーというよりもブランドにこだわっています。何も「一番売れているウェアを作りたい」というわけではありません。そこを目指すと一番になることが目的になってしまうからです。我々はナンバーワンよりもオンリーワンの精神を持って活動しています。

おかげさまで楽天などでも高評価をつけていただき、さらに期待に沿った製品をつくっていくことは〝究極のものづくり〟に近づいてくるからこそオンリーワン。必ずしも究極＝ナンバーワンとは限らないです。「これしか着られない！」と言っていただけるファンを増やしたい。「期待値の高い連続パイオニア企業」になることこそが我々のビジョンです。

夢は信じれば叶う

根本的に、夢は信じ続ければ必ず叶うと考えています。その結果として現在の私があり、これからも夢を抱き叶え続けていきたい。高校時代、私は甲子園に出たいと強く願っていました。しかし、全国的に強豪と知られる横浜高校に延長戦の末に敗れ、私の夢は潰えたと当時は思ったものでした。しかしその後も、後進の選手たちになるべく良い思いを野球でしてほしいと願い、指導者になり野球と関わり続けることができました。すると、母校のマスターズ甲子園（ＯＢで甲子園を目指す大会）に誘われ参加した結果、奇跡的に出場し時差はあれど甲子園の土を踏むことができたのです。

高校野球の監督を兼務している現在、私が言い続けていることは「夢は信じ続ければ形は少し変わるかもしれないけど必ず叶う」ということ。ある意味では、私自身に言い聞かせているところもあります。私は自身が抱いた夢はすべて叶え、そのことを実証していきたいと考えています。

また、ビジョンは「道標」や「人生の地図」にもなる。だからこそビジョンでしか、現状を解決できないと言えるのかもしれません。困難を乗り越えて「こうしていく」と言った時の「こうしていく」ということが人生で問われているのではないでしょうか。そこにビジョンがあれば乗り越えた先に大小問わず夢の実現が待っているでしょうし、そのために生きることが最大幸福に繋がるのだと考えています。

自分本位でチャレンジしてほしい

高校野球の監督もしていると、若い方たちと話す機会は多いです。特に今の子たちはコロナ禍によりいろいろ制限されてきましたが、コロナを言い訳にはしてほしくない。自分たちが「コロナだったから」と口にしてしまうと、相手も同じような受け取り方をしてしまうからです。現場にいたからこそ、余計にそれは感じ、コロナを言い訳にしてしまう子を育ててしまうのでは、という恐れもあります。むしろ「コロナだったから俺たちはこうなれたんだ」と言える方が魅力的。弊社のことでいえば、コロナ禍で売上は10倍に伸びましたので、コロナだからこそ成長できたともいえます。環境が人を作るのでしょうし、人が環境を作ることもあるのでしょう。

ビジョンや夢ではなくても、とにかくなんでもいいので目標を持っていただきたい。目標でなくても、「こうしたい、ああしたい」という希望でも良くて、誰しも望んだものが手に入ると幸せです。

私の世代だと「よく起業したね」と言われます。よくここまで走ってきたなという感慨もありますが、個人個人の輝き方がある時代なので、自分の輝き方としては起業という道が正解だったと思っています。つまり、大多数の意見がすべてではないということ、自分の意思が一番答えに近い。大多数が否定しても自分が思っていること、願っていることに向かわないと幸せを感じられません。自分本位で様々なことに挑戦してほしいし、チャレンジすると知恵が回り、その知恵は無駄にはなりません。その知恵を絞るレベルが向上してくると頭を抱える時間が長くなってきます。たとえ結果論としてそこで判断ミスをしたとしても、再び新たな知恵を使える。

私もたくさん失敗してきました。しかし、自分の体さえあれば、生きてさえいれば何度でも挑戦できます。夢などを周囲に言うことを恥ずかしがる人もいますが言わないと叶いませんし、公言したことで覚悟も決まります。そういうときに応援してくれるのが本当の仲間で、そこに人の本質が見えてきます。

私はまた一から起業したいとも思っています。自分にはそういう生き方が合っているのかもしれません。夢は絶対に叶う！　そう信じてこれからも活動を続けていきます。

The Vision 2024

ビジネス最前線の経験を活かし弁護士の枠を超える！

すずき まさやす 鈴木正靖

法律事務所 Lux Linxs 代表パートナー弁護士

PROFILE

鈴木 正靖

弁護士（日本、米国ニューヨーク州及びイリノイ州）。静岡県出身。早稲田大学法学部、京都大学法科大学院、米国デューク大学ロースクール卒業。国内最大手の西村あさひ法律事務所に入所後、（株）資生堂のビジネスディベロップメント部への出向及びアメリカ留学を経て、2021 年 8 月に独立。自身が代表を務める法律事務所 Lux Linxs を経営。弁護士の枠を超えた行動力やビジネスセンスに高い定評がある。神戸経済同友会ひとづくり委員会副委員長などの役職も務める。

INFORMATION

法律事務所 Lux Linxs
（ラックス リンクス）
〒 650-0036
神戸市中央区播磨町 49
神戸旧居留地平和ビル 8 階
https://luxlinxs.com

弁護士の枠を超えて！

私は、「世界一行動力がある弁護士」を自認しています。これまで圧倒的な行動力と現場主義を軸に、弁護士の枠を超えて、未来志向の新たな価値を創造してきました。現在は、自身が代表を務める「法律事務所Ｌｕｘ　Ｌｉｎｘｓ」を経営しています。

私の主な活動は、弁護士業務と弁護士以外の業務に分かれます。弁護士業務は企業法務をメインにしています。大企業から中小企業、スタートアップまで挑戦する企業を応援しています。弁護士は紛争解決のイメージが強いですが、私は新規事業やアライアンスなど、「前向きな業務」を強みにしています。また、オーナー企業の場合、経営者の個人的な悩みが法人の問題に繋がる場合も多いため、離婚や相続などの個人案件も数多く取り扱っています。

弁護士以外の業務は、企業のアトツギ（後継者）との伴走（ベンチャー型事業承継）や学生のキャリア教育などに取り組んでいます。特にアトツギ伴走は、私自身が製造業の跡取りでしたので、情熱を持って取り組んでいます。国や地方自治体と連携して、アトツギの新規事業開発やイノベーションへのアドバイスなどをしています。ご縁をいただき、各種イベントでの講師やコメンテーターなども担当しております。また、私は日本の未来のための教育に強い思いを持っているため、高校やＮＰＯでのキャリア教育の講師も務めています。

以上のように、弁護士の枠を超えて活動していることが私の特徴です。

元バンドマン、弁護士になる

私は静岡県の田舎町出身で、周囲に弁護士などいない環境でした。そのため、法曹会とは無縁でしたし、自身が弁護士になることも全く想像していませんでした。勉強も嫌いで、通っていた学校も進学校ではありませんでした。そのような環境で、唯一興味を持っていたのが音楽です。中学生の終わりからドラムを始め、高校時代はバンド活動に明け暮れていました。将来は、プロのドラマーになりたいと思っていました。しかし、高校3年生の夏、進路に悩むようになりました。進学か就職かなどを決定する時期ですので、周囲と同様、私も進路について真剣に考えたのです。

そのような夏のある日、たまたま実家の本棚を漁っていたところ、古い法律の書籍を見つけました。不思議に思って書籍をパラパラとめくると、裏表紙の裏に父親の名前が記載されていました。その時に知ったのですが、父親は昔、弁護士志望だったのです。しかし、司法試験に合格せず夢を諦めたのでした。私はそのような経緯で、弁護士に興味を持ちました。そして、弁護士の仕事内容を調べるうちに、社会に貢献できる仕事であることを認識しました。私が音楽活動を始めた理由は、「音楽の力により人々や社会を元気にしたい」というものでした。一方、弁護士も様々な活動を通じて、人々や社会を幸せにすることができます。まさに私の信念に合致する仕事です。

以上の社会貢献への意識や父親の想いの継受から、弁護士になることを決意しました。そして、大学受験の猛勉強の末、大学に合格することができました。その後、司法試験に合格し父親の夢であった弁護士になることができたのです。

企業法務弁護士として、日本経済を支える

弁護士になったからには、トップの環境で自分自身を磨きたいと考えました。また、社会貢献のために、社会的に影響力のある業務に取り組みたいと願っていました。そのため、国内最大手の西村あさひ法律事務所に入所しました。西村あさひでの仕事は非常に充実していました。主に上場大企業のM&Aや企業法務などに携わり、日本を代表する企業を支えました。私の関与した案件が連日ニュースで流れ、日本経済に貢献していると自負していました。

業務は難易度が高く複雑でしたので、ハードワークな日々でした。文字通り365日休みなく働きました。もっとも、そのように真剣に業務に取り組んだからこそ、得た知識や能力は今の自分の血肉になっています。よく言われるように、ファーストキャリアは自身の仕事の基準になります。社会人になったあとの数年間に積んだ経験が、その後のキャリアの指標になるのです。私の場合は、幸いにも20代にして最先端の環境に身を置くことができました。非常に多忙な日々でしたが、当時の努力や経験が弁護士としての成長に繋がっています。

父親の窮地を救う

そのように充実した日々を過ごしていましたが、人生は必ずしも順風満帆なことばかりではありません。弁護士3年目のある日、父親から突然電話がかかってきました。電話に出ると父親は切迫した声で「会社が危ないので、お金を貸してほしい」と言いました。

父親はもともと会社員でしたが、私が6歳のときに金型部品の販売等を行う会社を起業しました。そしてその後20年以上にわたり、当該町工場を経営していました。私は恥ずかしながら、家業の現状を把握しておらず、まさか会社がそこまで危ない状況とは知りませんでした。父親に話を聞いてみると、海外工場との競争による単価の低下やリーマン・ショックによる不況の影響などにより経営が急速に悪化し、毎月の借入金の返済に窮する状態でした。しかし、金融機関から追加の新規融資を断られ、経営に行き詰まっていたのです。

私はこのような電話を受けて、なんとか家業の力になりたいと思いました。しかし、運転資金は既に底を突いており、半月以内に手形の不渡りが出る状態でした。つまり、破産しか選択肢がない状況だったのです。私は会社を畳むしかないと判断し、すぐに会社と父親の破産申立てに取り掛かりました。実の父親の破産手続ですので、もちろん精神的な辛さを抱えていました。

しかし、父親の願いを叶えて弁護士になっており、自ら破産申立てを遂行できたことは何かの巡り合わせでした。その後、無事に破産手続が完了し、父親は新たな第二の人生を歩んでいます。もし私が迅速に破産申立てを行っていなかったら、別の結末が待っていたかもしれません。辛い出来事でしたが、父親の窮地を救えたことは幸運でした。

資生堂の経営戦略系部門に出向

父親の件もあり、私は自身のキャリアについて再度考えるようになりました。父親は自ら会社を立ち上げた起業家でしたし、私も小さな頃から父親の背中を見て育ちました。そのような環境のため、私はＤＮＡに経営者マインドが刻み込まれています。社会人になった後も、自分で食べていかなければいけないと常に思っていました。自身の足で立つことを意識していたのです。

そのような私にとって、弁護士の立場は少し歯がゆいところがありました。弁護士はどちらかというとサポート役やアドバイザーです。経営者に助言をする仕事であり、経営の意思決定自体をするわけではありません。しかし、私は経営者マインドを持っていましたので、経営に携わりたい、企業の内側に入って自分の目で見てみたいと思うようになりました。

そこで、上司に企業出向の相談をしました。しかも、弁護士が通常出向する法務部門ではなく、経営戦略系の部門を希望しました。さらに新境地の開拓のため、所属事務所から誰も出向したことがない企業への出向を願ったのです。無謀な願いでしたが、上司の温かいサポートとご縁をいただき、㈱資生堂のビジネスディベロップメント部への出向が決まりました。

資生堂では2年半、M&Aや組織再編などに関与しました。M&Aは弁護士時代にも取り扱っていましたが、弁護士の関与する領域はM&Aの一部です。しかし、資生堂ではM&Aのプロジェクトマネジメントの役割を担い、通常は弁護士が関わらない研究開発、製造、マーケティング、財務、人事、広報などの領域に関与しました。また、資生堂では弁護士などのアドバイザーに依頼する立場でしたので、クライアントの気持ちを理解することができました。

出向当初は慣れない業務のため、とても苦労したことも事実です。しかし、新分野について積極的に学び、社員の方々と信頼関係を構築して、最終的に複数のプロジェクトを成功させることができました。私のように会社内部においてビジネスの最前線での経験を積んだ弁護士は、非常に希少であると思います。貴重な2年半を与えていただいた関係者の皆様に深く感謝しています。

アメリカ留学~独立へ

資生堂での出向を終えた私は2019年夏から2021年夏までの2年間、アメリカに留学しました。所属事務所ではパートナーになる前に留学することが一般的であり、日本を外から見たいとの気持ちも強く持っていました。そこで一生懸命英語を勉強して、アメリカのロースクールへの留学を果たしました。

アメリカでの生活は、自分を見つめ直す機会になりました。それまでは大企業を依頼者とする仕事をしていたため、経済への影響が大きい仕事を好んでいました。また、アメリカに住むうちに日本ではなく海外で働く選択肢を考えたのも事実です。そのため、海外の国際人権活動にも関与しました。

そのように留学後のキャリアを考えていたある日、海外の知人に国際問題に取り組みたいという相談をしました。すると、知人は素朴にこう言ったのです。「それはとても素晴らしいことだね。でも、日本に困っている人はいないの？」。私はその言葉を聞いてハッとしました。

人は海外で働くことに憧れを抱きがちです。グローバルな仕事が格好よく見えたりもします。しかし、ふと足元に目をやると、困っている方々は身近にいることに気づきました。日本は様々な問題が山積みです。また、私の父親のように悩みを抱えている中小企業の経営者も数多く存在します。マザー・テレサの言葉にも、「世界を変えるには、まず家に帰って家族を愛しなさい」というものがあります。その言葉を胸に帰国して日本のために活動すること、そして、自身で未来を切り開くために独立することを決意しました。

MVV（ミッション・ビジョン・バリュー）

2021年8月の独立後は、神戸を中心に日本全国を飛び回って活動しています。そして私が大切にしているMVVは以下のとおりです。ミッションは「すべての人や企業に、新たな選択肢を創る」。ビジョンは「あらゆる人や企業が、既存の枠にとらわれず、新たな道を歩める社会の実現」。バリューは「弁護士の枠を超えて、未来志向の新たな価値を創造する」。

弁護士に相談する個人の方は現状に不満を持ち、新たな人生を歩みたいと考えている方が多いです。また、企業の依頼者は既存事業の問題や新規事業の課題を抱えています。そのような個人や企業に伴走し、新たな選択肢を創ることが私のミッションです。

このミッションの継続が、ビジョンの実現に繋がります。日本は既存の社会構造が敷いたレールの上を歩む人が多いです。しかし、あえてレールを外れることで見える世界もあります。固定観念に縛られず、ゼロベースで考えることも大切なのです。私は自身の活動を通じて、あらゆる人や企業が既存の枠にとらわれず、新たな道を歩める社会を実現したいです。

このようなミッションやビジョンを叶えるために、「弁護士の枠を超えて、未来志向の新たな価値を創造する」というバリューを大切にしています。「世界一行動力がある弁護士」として、圧倒的な行動力と現場主義を軸に活動しています。

特に、資生堂の経営戦略系部署でビジネスに直接携わった経験は、他の弁護士と一線を画す私の強みになっています。また、積極的に現場に行き、社内の雰囲気や従業員の皆様の顔色などを確認することにより、又聞きではない一次情報を得ることを大切にしています。

以上のようなMVVを持つことは、自身の判断軸になります。目の前の仕事に追われると、自分を見失いそうになるときもあります。そのときはビジョンに立ち返るのです。ビジョンがあるべき方向に導いてくれます。また、ビジョンを掲げると共感の輪を広げることができます。かつては富の独占が当たり前でしたが、今は共創の時代です。「早く行きたければ一人で進め。遠くまで行きたければみんなで進め」という言葉があるように、様々な方の協力がなければビジョンは達成できません。私は縁や繋がりをとても大切にしています。より良い未来の実現には、お互いが手を取り合うことが肝要です。

自分の願った夢は、必ず叶う

私は前述のように、周囲に弁護士がいない田舎町で育ちました。そのため、現在自分が弁護士かつ経営者として活動していることを、ふと不思議に思うこともあります。しかし、現在の私があるのも、願った夢を信じて直向きに行動してきたからだと思います。人間は本当に実現不可能なことは、夢や目標にはしません。逆に少しでも叶う可能性があるからこそ、将来の姿を思い描いて、夢にするのです。また、挑戦は何歳からでも可能です。肉体的な年齢と精神的な年齢は異なるため、若い心を持つことが大事です。挑戦したい気持ちを否定することは誰にもできません。新たなことに挑戦し続ける限り、道は開けるのです。

さらに新たな道を歩む上で、自分の直感を信じることも大切です。迷ったら心の声に従うのです。特に現代社会ではまず行動することに価値があります。悩んで計画ばかりしているうちに幸運の女神は去ってしまいます。「自分の願った夢は必ず叶います」。私の想いが皆様に届くことを祈っております。

The Vision 2024

自由に働き、人生に幸せを！

浅野剛《あさの たけし》

アイデアル株式会社 代表取締役 CEO

PROFILE

浅野剛

早稲田大学卒業後に外資系コンサルに入社、製造業を中心に従事。その後、世界最大の IT 企業に最年少で理事として参画。コンサルティング事業責任者として幅広い案件に携わった後、アイデアル株式会社を設立。企業の経営陣が抱える問題を実践的に解決する「CxO コンサルティング」事業を展開。同時に国内外の企業投資や顧問、不動産業などを遂行しながら、競技麻雀プロ、ミスジャパン理事やメンサ会員等、様々な活動も行っている。

INFORMATION

アイデアル株式会社
〒 108-0075
東京都港区港南 2-16-7
https://ideal-g.com/

社員を持たず個人が自由に働くコンサルティング会社

主な事業内容は、企業の経営陣からの依頼に基づく経営およびＩＴに関するコンサルティングで、「ＣｘＯコンサルティング®」と呼んでいます。ＣｘＯとはＣＥＯやＣＯＯ、ＣＩＯなどを指しています。お仕事の依頼は、起業前に携わっていた製造業のクライアントからが多いです。

２０１８年にアイデアルを起業しましたが、社名の由来は大きく３つあります。まずは、クライアントやコンサルタントにとって理想的な（ＩＤＥＡＬ）会社でありたいと思ったこと。次に、私たちの仕事は同じことは少なく、常にアイデアを出し続けないといけないということ。「アイデアル」は「アイデアある」とも読めます。最後に社名が「アイ」から始まり、五十音で上位に挙がってくるということでした。

さらに特徴的なのが、弊社は社員を持たないことです。社員を抱えて規模を追求するのではなく、弊社を必要としてくださる周囲の方々へきちんとサポートをしたいという想いがあります。そのため、大きな所帯を持つ必要がありません。もともとは私個人へのオーダーでした。そのうち、私だけでは対応しきれなくなり、フリーランスのコンサルタントの方々に業務委託という形で連携していただくことになりました。

社員を雇い会社の器を大きくしていくと、制度設計や運営に関して工数をかけていく必要がありますし、時には器を維持していくためにクライアントやコンサルタントにとって不要なビジネスを

行う可能性もあります。

私は起業するにあたり、そういうことからは卒業しようと決めました。また人々が自分らしく、自由に働ける環境を創りたいとも思っていました。

昨今はフリーランスで優秀かつスペシャリティをお持ちの方も多く、コンサルティング案件の情報を獲得できる環境が整ってきています。さらに10年、20年と先を見たとき、社員でやっていくことより、個人で生活と仕事のバランスをとっていく道を選ぶ方も増えていくでしょう。それに「社員のいないコンサルティング会社」というのは珍しい存在ですよね。

コンサルタントなのに麻雀店のオーナー！

私の実家は広告業を営んでおり、現在も家族で経営しています。その環境で育った私は、学生時代は企業経営に将来は携わらなくてはならないという気持ちがありました。ですので、大学で経済学を学びながらロースクールにも通っていました。ただ、大学周辺には麻雀店が点在していて、授業の合間に麻雀をすることも多かった学生時代でした。

大学卒業後はアクセンチュアに入社し、経営とＩＴに関するコンサルティングに従事しました。いわゆる成果主義でしたので、成果を出せば自分で休暇取得や次の案件を選ぶことができました。ありがたいことに最速で管理職に昇進し、マネジメント業務にも長く従事して、様々な案件に携わることができました。

実はアクセンチュアの在籍時、25歳のとき1年間休職して麻雀店を経営していました。学生時代に競技麻雀のプロ資格をいただいていて、その時から懇意にしていた店の創業者から経営立て直しを依頼され、店を買い取って経営することになりました。

社員もおらず若いアルバイトばかりの店で当時は色々と苦労もしましたが、日々楽しく、人を扱うことの難しさも学べ、とても良い経験をさせていただいたと思います。

その後、２０１3年に日本アイ・ビー・エム（ＩＢＭ）に当時最年少でパートナー（理事）として参画し、コンサルティング事業の責任者として製造業のクライアントを中心に幅広い案件に携わりました。

キャリアをリセットし、一時引退

ＩＢＭはグローバル企業で、事業責任者として日頃から海外との連携を含めて様々なマネジメントを行っていました。私はクライアントの元に赴くのが好きなのですが、最後の方は８割くらいがマネジメント業務です。

ダイナミックにビジネスを動かすので楽しい部分もありますが、日々数字や資料を見る生活にどこか虚しさも覚えました。これをずっと続けるのかと……。また、社内では常に様々な調整も必要で、そうしたやり取りの中で人間関係の大切さと同時に煩わしさも感じ、時には孤独も感じるようになりました。

そうした時に家族の勧めもあって、一旦キャリアをリセットしようと思い立ちました。おかげさまで、ある程度生活の基盤はできていたので、まずは引退（リタイア）して先々を考えることにしました。退職後、しばらくはシリコンバレーでテクノロジーとビジネスの最先端を直接見て投資活動をしていました。

ある時、在職中お世話になったクライアントのＣＩＯから連絡をいただきました。用件としては短く、「相談がある」と。

ちょうど一時帰国するタイミングでしたので、日本でお会いして話を伺ったところ、そのＣＩＯから、

「全社で改革すべきことがあるが、現状は上手くいっていない。でもあなたの協力を得れば上手くいくと思っているので力を貸してほしい」

と、会社の肩書を持っていない私に真摯に依頼いただきました。その依頼に感銘を受け、もう一度コンサルティングの世界に戻りました。それから数ヶ月して、アイデアルを起業することになりました。

コンサルタントに必要な能力とは

コンサルタントに必要な能力は大きく3つあります。1つ目は、「地頭の良さ」です。「地頭の良さ」というと小難しく感じますが、これは言い換えると知識の多寡ではなくて論理的思考力やコミュニケーション能力が高いということです。つまり、知らないものや新しいものを見たときに、瞬時に内容を理解して対応ができるかということです。

2つ目は、「人の話が聞ける」ことです。先ほどの「地頭の良さ」にもつながりますが、話の要点や人の感情の機微をしっかり捉えることができる能力が求められます。コンサルタントは職業柄、話すことが仕事のように思われていますが、実は大切なのは相手の意図をしっかりと汲み取ることができるかということです。

3つめは、これが最も大事なことですが、「物事を構造化する」ことです。例えば「コンサルタントに必要な能力は何か」という漠然とした問いを受けたときに、漫然と答えるのではなく、「大きく3つあります」「それは地頭の良さと人の話がを聞けること、そして物事を構造化できること」と概要から詳細に分解して説明することで、相手も内容を理解しやすくなり、物事を進めやすくなります。

特に最後の「物事を構造化する」は訓練で身につきやすいですし、これができる方はコンサルタントではなくとも活躍できます。

一方、経営者にとって大事な資質は、「右を向くか左を向くか決める」ことです。そもそも経営に正解はありません。いろいろな人の思惑があって経営は成り立っています。したがって企業経営では、必然的に「A案とB案どちらにしますか？」と聞かれる機会が出てきます。その時に選択するのが経営者です。特に優秀な経営者はこの時に構造化を使って判断した理由を説明していることが多いとも思っています。

従業員が経営者に求めることは判断です。背中を、ぽんと押してほしいものなのです。経営者はなんでもできるスーパーマンである必要はないと思います。

無理をせずに働くということ

理念やミッションとして「世界を豊かに、専門家の力で、無理をせずに」を掲げています。「無理をせずに」を大切だと思っていて、何かを行う場合に自分以外の力を借りても良いと考えています。コンサルティングの仕事は労働集約型です。世間ではハードワークと見られており、実際、心身を壊される方もいます。

私は、人間のミッションは働くことではないと考えています。ただ生活にはお金が必要なのも事実で、そのために働いている、日々時間を使っている人が多いと考えています。でも人がより専門性に特化したことに従事すれば、そこまで大きな労力は使わなくて済みます。なので、本人でなくてもできる仕事はＡＩを始めとするテクノロジーを活用することで、より労力の負担は減らせます。

弊社ではできる限り人の作業時間を減らして、その時間を余暇として生活に使えるように日々テクノロジーの活用や専門家との協業を進めています。

私自身は経営や自分の仕事をかなり効率化したことで、日々の生活である程度自由な時間を持てるようになりました。ですので、その自由な時間を使って様々なチャレンジをしています。また会社としても、クライアントやコンサルタント、双方が幸せであると感じられない場合は取り組まないようにしています。

起業してからは積極的に外部と接点を持つことにしています。というのも、企業にいた時代は、そこにいるだけで様々な情報が入ってきました。これは大きな財産です。今は、自らが情報を取りにいかないといけません。自分のインプットとアウトプットの機会を増やすことは自分が嫌にならない範囲で能動的にやっています。

変化に適応できる者が生き残る

ビジョンは「羅針盤」です。自分の軸になるものを持っていないと人生に迷うことになってしまいます。

ただ、この方向性は時に変わってもいい、むしろ必ず変化するものです。ダーウィンが「進化論」の中でも言っています。

「最も強い者が生き残るのではなく、最も賢い者が生き延びるのでもない。唯一生き残ることができるのは、変化できる者である」と。

これからの時代、大企業に入社しても生活が安泰かというとそうは言えません。常に変化は伴うものだと思った方がいいでしょう。大事なのはそうした変化を楽しみ、自らを変えていくことができるか、ということです。そのきっかけのひとつが人との接点です。

正直な話、これからは多くの仕事がテクノロジーに置き換わってくるでしょう。特に今の若い方々は、幼少期からテクノロジーに囲まれて生活しています。結果的に生活は便利になっていますが、人との接点が減る世の中になり、独りの時間も増えています。

そうした世界で出会えた人々は奇跡です。きっと何かの縁があるのだと思いますから、コミュニケーションを続けていく、人が人らしく共に生きるということを続けていくのが大切だと思います。

時間をつくり、外の世界を見る

この本を読んでいる皆さんは様々な状況にあると思っています。そうした方々に一つアドバイスを、と求められたら、私はこの言葉を言います。それは「自分の世界にとどまらず、色々な世界を見ましょう」です。

私自身、昔から複数のビジネスをしており、ビジネス以外でも競技麻雀やミスジャパンの審査員など、様々な活動を通して新しい出会いや気づきを得ています。いろいろな方とお付き合いもしていることで今、まさに人生が楽しく、豊かになっていることを実感しています。外の世界を見ることは自分のやりたいことに対して遠回りしているように見えるかもしれないですが、どんなことも「百聞は一見に如かず」で、実は「遠回りが一番の近道」だったりします。実際、私もたくさん寄り道してきました。積極的に時間をつくって外の世界に出ましょう。この本が皆さんの豊かな人生に向けた一助になれば、と心から願っています。

the Vision 2024

動物リハビリが当たり前になる世の中へ

岸本誠也《きしもと せいや》

動物理学リハビリ国際協会 APRIA 会長

PROFILE

岸本 誠也

1992 年兵庫県生まれ。2010 年神戸学院大学医療リハビリテーション学部理学療法専攻入学。その後、大阪 ECO 動物海洋専門学校動物理学療法専攻入学。卒業後、整形外科では著名な動物病院ファーブル動物医療センターに勤務。2021 年 12 月、動物理学リハビリ国際協会 APRIA を設立し会長に就任。他にアニマルサービス Cinnamil 代表、一般社団法人日本ペットマッサージ協会顧問、一般社団法人パートナードッグタウン協会理事、大阪 ECO 動物海洋専門学校非常勤講師を務める。

INFORMATION

動物理学リハビリ国際協会 APRIA

〒 558-0044

大阪府大阪市住吉区長峡町 6-10

https://www.apria.jp

「動物理学リハビリ国際協会APRIA」とは？

「動物理学リハビリ国際協会ＡＰＲＩＡ」は、〝日本中で動物のリハビリを当たり前にしていくこと〟を目的とし、これまで様々な活動を続けてきました。獣医療従事者や動物関連職種に携わる方々、動物の飼い主などに向けた全国各地でのセミナーをはじめ、実際に動物病院へ赴き、スタッフの方向けの指導をしたり、リハビリ科立ち上げのお手伝いなどもさせていただいています。そのほか、ご自宅で簡単なリハビリが行えるような器具、ワンちゃん向けの健康器具の製作・販売なども手掛けてきました。

そもそも私が動物のリハビリに携わることになった最初のきっかけは、今から約10年前に遡ります。大学で人間の理学療法を学んでいた頃、たまたま動物のリハビリの存在を知ったことでした。それと同時に、日本では動物のリハビリが一般的にはなっていないにかかわらず、海外の先進国などでは広く普及してきていると知ったのです。

私はその後、動物のリハビリを学べるという専門学校へ出向きました。しかし、当時の現状は私の期待に反し、リハビリと言っても歩行訓練をする程度のもの。人間のリハビリには遠く及びません。「日本で動物のリハビリを普及させるには自分でやるしかない」と感じ、アメリカのTENNESSEE大学が発行している動物リハビリテーションの資格を取得。その後、関西で1、2位を争うほどの知名度と実績を誇る「ファーブル動物医療センター」に勤め、整形外科やリハビリテーション科、スポーツメディスン科に所属しました。同医療センターは大きな二次診療施設のため、症例も多く集まります。実際に犬や猫のリハビリの臨床経験を数多く積むことができました。

とはいえ、私がたった一人で動物のリハビリ技術を高め、施術を続けていったとしても、動物のリハビリが日本中に広がっていくわけではありません。仲間を集め、私のビジョンに賛同していただき、実際に協力してくださる獣医師や愛玩動物看護師、理学療法士の方々との連携を取っていくことが重要だと感じるようになりました。

そうした思いから、動物のリハビリを普及啓蒙するための協会を２０２１年12月に立ち上げたのです。

「ペットは家族」だからこそ、ＱＯＬ向上を

昨今、動物業界の中では動物のリハビリというジャンルも少しずつ確立されてきましたが、動物業界以外からの認知度はまだまだ高いとは言えません。世間一般のイメージでは「動物のリハビリって珍しいよね」という意見が多いのも現実です。

その一方で、日本では「ペットは家族」という感覚を持ってワンちゃんやネコちゃんと暮らされている方も多いでしょう。ペットが衣服を着ている光景が当たり前と言える時代ですし、ドッグカフェができたり、ペットを連れて旅行へ行く方も増えてきました。そうした環境が当たり前であるのと同じく、動物のリハビリを珍しいものではなく、当たり前にしていかなければいけないと感じ

ています。

また動物のリハビリと一口に言っても、様々な種類のリハビリがあります。脱臼や骨折など、疾患を患った動物のリハビリはもちろんですが、リハビリというのはそれだけではありません。病気にかからないための予防のほか、怪我をしないための身体づくり、スポーツドッグのパフォーマンス向上、ダイエット、高齢犬の生活を向上させるための取り組みも大切なリハビリの役割の一つ。それらも人間のリハビリと同じなのです。

だからこそ私は、「動物だから」という考え方はなくしていきたいと思っています。「犬や猫だから多少の障害が残っても仕方ない」という考え方もしたくありません。「ＱＯＬ（Quality of Life）」、つまり「生活の質」が高い方が良いのは人間も動物も同じ。動物にも質の高い生活を送る権利があります。「病気や怪我もなく健康だから何もしなくていい」ということにはなりません。病気にならないための予防や健康維持のための運動を行ったり、高齢期に差し掛かる前に身体づくりをして備えておくこと。人間と同様に動物もＱＯＬ向上を考えていく必要があるのです。

動物のリハビリの普及に向けた取り組み

前述したことからもわかる通り、これまで動物のリハビリは体系化されていませんでした。関連する学会でも動物のリハビリのやり方を教えるというより、症例を紹介するケースが多いです。症例報告を聞いただけでは、実際やるときにどう実践すればよいのかわからないため、普及しにくく

なっている実態もあります。また、知識だけあったとしてもワンちゃんを目の前にすると、実践技術がないと何もできません。

だからこそ私は、まず動物のリハビリを体系化していくことが重要だと考えてきました。実際にどのようなステップでリハビリを行えばいいのかという手順を確立し、座学のみならず、実習を数多く取り入れるようにしています。

様々なリハビリがある中でも共通することは、症例を多く扱うことにより自身の技術が向上していくことは当然ですが、それ以前に基礎的な知識（病気の知識や身体構造の仕組みなど）や施術手技を学んで理解することが大切だということです。そのため当協会（ＡＰＲＩＡ）では動物リハビリの実習も行いながら基礎から学び、段階に応じて資格を取得できるカリキュラムを構築してきました。

また当協会と並行して、「スタジオCinnamil（シナミル）」というワンちゃんネコちゃんのためのフィットネスジムを開設しています。同ジムは病気の予防、健康維持、シニアケア、ダイエット等のトータルケアを目的に完全予約制で運営しており、最近ではマイクロブタやフェレット、ペンギンなど、ワンちゃんネコちゃん以外の動物のリハビリにも携わっています。その他にもリハビリの認知度を上げるための活動の一環として、ワンちゃん専用のバランスボールやアイシングパックなどのリハビリ器具を開発・販売も行っております。こうした器具が市場に出回るようになることで、「筋肉がついてきたので歩き方が変わった」「走るタイムが変わってきた」といった使用者の声も多く集まっており、動物のリハビリという考え方が浸透することで動物たちのＱＯＬ向上に繋がっていると実感しています。

リハビリテーションの第一歩

しかし、人間と動物のリハビリには決定的な違いもあります。

人間のリハビリは、どこまで頑張るか、最終目標をどこに設定するかは、その人自身の意思によって変わっていきます。例えば怪我をしたスポーツ選手であれば、怪我をする前のパフォーマンスに戻したいからという理由で、辛いリハビリでも頑張って行い、少しでも怪我の前のパフォーマンスと遜色ない程度まで回復を目指される方もいるでしょう。一方で、自宅で通常の生活を送れればいいから、あまりしんどいリハビリはしたくない、少しくらいパフォーマンスが落ちても良いという方もいます。このように、人間の場合はリハビリの目標やどこまで頑張るかを決めるのはその人自身なのです。

しかし動物の場合、自分で意見を言えません。「どうしたい？」と聞いても、返事はありません。あくまで飼い主様とどこまで行うのかを相談しながらリハビリを進めていく必要があります。飼い主様が「やりたくありません」「必要ありません」とおっしゃるのであれば、リハビリの必要性を知っていただく説明が大切になります。反対に飼い主様に「しっかり元通りにしてあげたい」というリハビリの意思があっても、ワンちゃんやネコちゃんが嫌がってしまうケースもあるでしょう。

こうした実例は、人間の小児科のリハビリと似ているとよく言われます。まだ自分で判断することができないようなお子様だと、動物と同じようにリハビリをどの程度頑張り、行っていくかは親御さんの考え方に左右されます。同じように、「この子はもっと回復する見込みがあるのにな」という動物でも、飼い主様の考え方や時間、予算などの状況によってはリハビリを行えない場合もあります。ただ、飼い主様がリハビリを望まれない場合は、飼い主様に必要性を理解してもらうことで実施してくれることも多くあります。

一番時間を要するのは、反対に飼い主様はやる気があるのに動物が嫌がるというケースです。では、どうするのか？　まずは、動物に「リハビリすることは楽しい」とリハビリの楽しさをわかってもらうところから始めます。例えばリハビリの施術者と仲良くなり懐いてもらったり、遊びの中にリハビリを取り入れたりすることも一つ。この運動を頑張ったら美味しいご褒美がもらえる、このリハビリ施設に行ったらたくさん褒めてもらえる、というような意識付けを行うことも重要です。そうすることで、リハビリは「しんどい嫌なもの」ではなく、「楽しい嬉しいもの」と感じてもらえるようになります。このようなステップが動物のリハビリテーションの第一歩となり、人間のリハビリと異なる難しさです。

多くの反響と共感を積み重ねて

おかげさまで最近では動物病院など以外でも、動物関連のイベントに呼んでいただき、講演会やセミナーを開催したり、バランスボールを使用した体験会を行うなど、活動の幅も広がってきました。動物リハビリの資格取得のための講座も毎回満席となり、予約は数ヶ月先まで埋まっています。

また、セミナーなどのイベントに来場くださった方々とも、その後、詳しい相談を受けたりと、交流も継続して仲が深まっていくことも多くなりました。動物系の専門学校の授業カリキュラムにも、当協会の資格カリキュラムが徐々に導入されてきており、より一層、動物業界内での認知度は拡大を続けています。

今後は日頃動物への関心が低い方、動物と関わる機会が少ない方、動物業界以外の職種の方々への認知度を高めていくことが最重要課題だと考えています。

また、人間の医療と動物の医療に関する行政の管轄は異なります。人間は厚生労働省、動物は農林水産省となるためです。こうした差異や法整備の遅れが要因となり、リハビリにおいてワンステッ

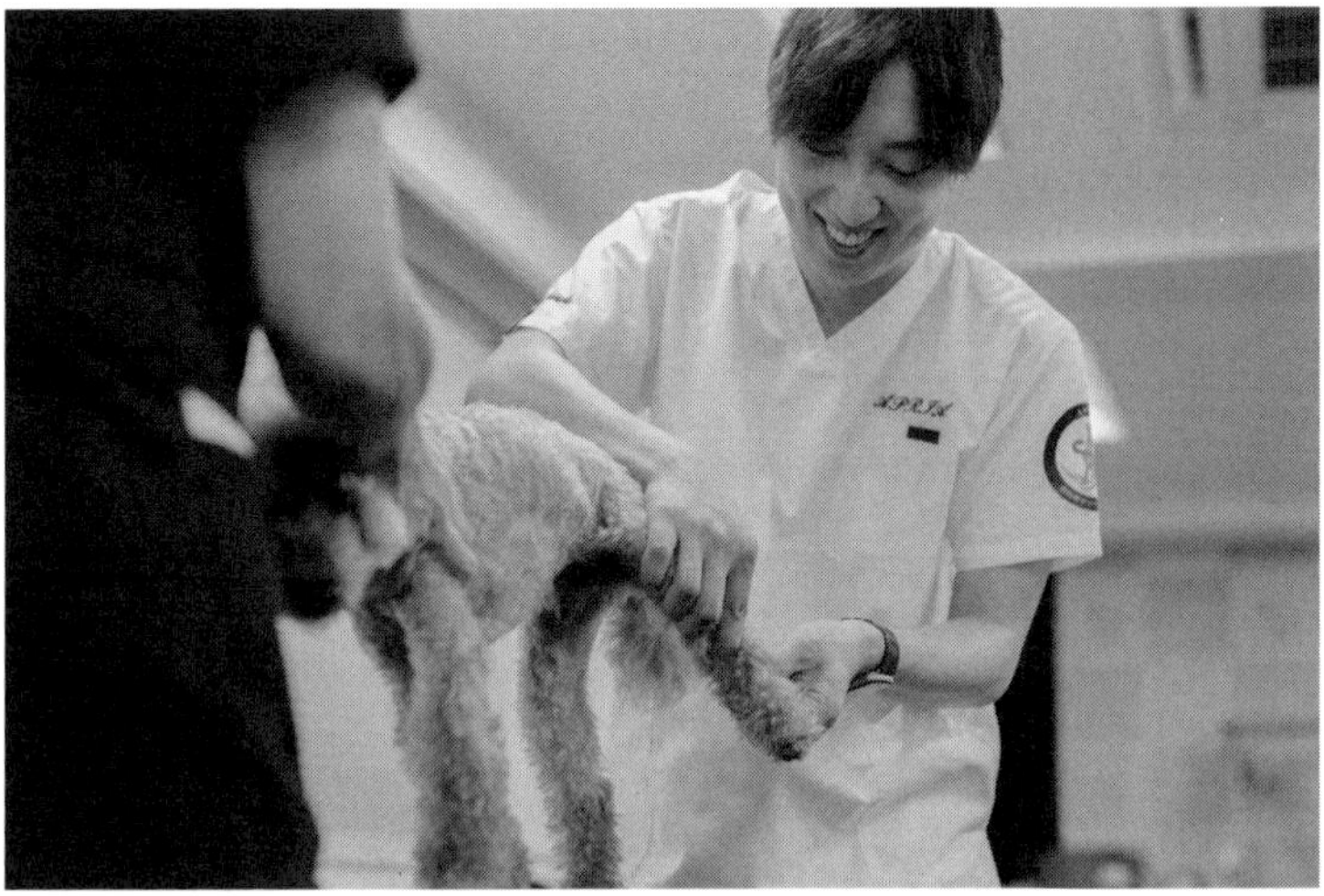

プ遅れてしまうことがあります。同様に医療保険についても障壁があり、働きかけを続けてきました。現在は動物保険のサービスも徐々に増え、少しずつリハビリの保険適用を行うところも出てきてはいます。こうした活動の積み重ねが、今後の認知拡大にも繋がっていくのではないでしょうか。

ビジョンは口にしないと伝わらない

今振り返ると、私が大学で動物リハビリのことを知り、日本で動物のリハビリを広めていきたいと言い始めた当初は、「そんなことやめた方がいい」「流行らないから」などと言われたこともありました。当時の私は人間の理学療法を専門に学んでいたこともあり、今後の高齢化社会を踏まえると、その道を進んだ方が安泰だと考えるほうが自然だったからでしょう。しかし周囲の反対の声に耳を貸さず、動物のリハビリ普及に向かう道を

私は選択しました。〝日本中で動物のリハビリを当たり前にしていきたい〟という目的、ビジョンがあったからです。

私は以前から、「こういうことをやりたい」という目的やビジョンがあれば、それを口にするよう心がけてきました。目的やビジョンは、口にしなければ誰にも伝わりません。実際に伝えることで、結果的に多くの方々の共感やお力をいただいてきました。言い続けていなければ共感してくれる方々にも出会えなかったでしょう。

現在、動物病院の数は増えているのですが、その中でリハビリを行っているところは決して多くありません。街を歩くと人間向けのリハビリセンターやフィットネスジムの看板は多く見かけますが、動物向けのリハビリ施設はほとんど見かけません。日本全国で動物向けのリハビリを標榜する看板が当たり前に見られるようになることが、私の理想です。

何度でも言い続けていきます。動物リハビリが当たり前になっていく世界を私は目指します。

The Vision 2024

Iwasaki Wayを掲げる経営コンサルティング

よしかわ まさあき **吉川正明**

株式会社イワサキ経営 代表取締役社長

PROFILE

吉川 正明

1973年生まれ。1996年流通経済大学卒業後、同年岩﨑一雄税理士事務所（当時）入社。1999年株式会社船井財産コンサルタンツ静岡取締役就任。2006年株式会社イワサキ経営専務取締役就任。2008年相続手続支援センター有限責任事業組合代表就任。2013年株式会社イワサキ経営代表取締役就任、現在に至る。

INFORMATION

株式会社イワサキ経営
〒410-0022
静岡県沼津市大岡984-1
https://www.tax-iwasaki.com/

入社10年目に突然の後継者指名

おかげさまで、弊社は2023年に創業50周年を迎えました。現会長の岩﨑一雄が静岡・沼津で創業したのが1973年です。静岡県はよくモニタリングが行われる県だといわれます。新商品のテスト販売などを行う地域です。つまり、良くも悪くも〝一般的〟という県民性なのかもしれません。弊社は会計事務所ですので、一般的な税理士が行う税務申告代理といった会計業務がベースです。決算資料を作るなど、ある意味では〝職人芸〟と言われるような業務です。そのため、資料を作ることそのものが価値でした。

しかし、昨今はＡＩをはじめとしたネット会計が主流になってきたため、その価値が毀損しつつあります。弊社は以前からそういった危機感を持っていましたので、職人芸といったことよりも経営コンサルティング業務の方に重きを置き始めています。

私が就職活動を始め、最初に内定をいただいたのがかつての岩﨑一雄税理士事務所でした。1996年の新卒入社です。それ以来、相続業務を担当してきました。相続というと企業担当ではないので〝王道〟とは異なる道を歩んでいました。ただ、そこで人財を増やしたり売上を伸ばしたり、成果を出すことができました。入社10年目のとき、毎年開催している経営計画発表会の席で、岩﨑が「後継者を吉川にする」と発表しました。私もそのとき初めて聞いたのでびっくりです。以後、私の人生はガラリと変わりました。2006年に専務取締役に就き、言わば修業を経て2013年、創業40周年の際に2代目社長に就任しました。

この7年間、特段岩﨑から教えを受けたわけではありません。あえて言うなら、専務になった時点で経営を任されたということでしょう。朝礼や会議の進行といった細かいことから様々な経営判断までも行うようになっていました。

ただ、代表権や決裁権はありませんから、岩﨑に経緯を説明し判子をもらうという状況でした。そのときも何か苦言を呈されることもなく、私の判断を尊重してくださいました。反対にいうと岩﨑からNGを出されることがないわけですから、その分責任を強く感じていました。絶対成功させるためのプレゼンといった緊張感のあるものでした。振り返れば社員時代からもそうでした。だからこそ、私も楽しみながら働くことができました。社員としての経験があることが創業者の岩﨑と私との違いなのかもしれません。

なぜ私を社長に指名されたのか、気になっていましたが自分から聞けませんでした。伝え聞いたところでは「吉川は敵を作らないしリーダーシップがあるから」ということのようです。どうやら私の内面を見てくださったのでしょう。この業界は宣伝が苦手と言いますが、最近ではSNSを積極的に活用しInstagramやTikTokも使い社交的な性格を活かして、情報の発信をしています。

経営者に変わろうとするきっかけを提供する

創業50年を機に、「吉川経営者アカデミー」を立ち上げました。「伝説の5日間」と銘打っている

ように、中小企業の経営者向けの5日間の集中セミナーです。これまでは「岩﨑流」としていたのをスタッフの提案もあって「吉川流」としました。令和3年度に日本商工会議所青年部の会長を務めさせていただいたこともあり、、全国の中小企業の経営者が私のことを知ってくださっているという理由もあります。

経営コンサルティングをしていく中で、一つの限界があることに気づきました。経営者と一口にいっても千差万別、どういった言葉をかければ相手の方に響くのかという悩みがありました。ああしなさい、こうしなさいとアドバイスしても、経営者が必ずやってくれるとは限りません。反対にいえば、本人のやる気次第です。

自分が変わろうとするとき、私の場合は講演や読書体験によることが多いです。経営者においても、変わろうとするきっかけを提供する方がいいのでは、と考えるようになりました。

すでに2期開催していますが、私が余談で話しているようなことが響いたりしているようです。「ああ、そこでしたか」といったことも多い。こちらが明確な意図を持って発信することよりも、思わぬところで人は何かを感じるものなのだと私も勉強になっています。言い換えれば、企業や経営者によって抱えている悩みが異なることの証でもあると思います。

また、弊社はコロナ禍をきっかけに、社内に「イワサキスタジオ」を設け、オンラインセミナーを充実させました。配信機材も揃っていますし、ノウハウも身についています。おかげさまでコロナ禍でも売り上げが下がることはありませんでした。

一方でコロナ禍により、クライアント数は伸びました。よく社会的に大きな出来事が起きた際、商工会議所などの会員が増えるといいます。弊社もそのような危機に直面したときに、クライアントが助けを求められる場所でありたいと思います。

ショールーム型経営支援とは

「コンサルティング」という言葉に独自の定義を持っています。弊社は「ショールーム型経営支援」と標榜しており、まずは自社で率先して新しいことにチャレンジしています。それでうまくいったら、お客様にもお勧めするかたちです。

ですから、まだ弊社が着手していないコンサルティングもあります。それはまだ弊社内でうまくいっていなかったり、チャレンジしていないからです。何かやりたいことがあっても、まずは自分たちから、というスタンスです。

例えば、DXはどんどん改革していっています。よかったものをクライアントに提供しています。「うちは、こうやっています」と、各コンサルタントは説明するようにしています。反対に、弊社は人事制度が未成熟なところがあります。そのため、人事コンサルティングの機能は弊社には備わっていません。実際に試行錯誤しているプロセスがないと説得力が生まれないと思います。

弊社は静岡県の企業がクライアントの中心で、2000社近くのサポートをしております。人と人を結ぶこと、経営者の出会いの場を作ることも重要な業務です。例えば、ゴルフコンペや納涼会などを主催しています。

また、日本市場が縮小傾向ということもあり、中小企業が生き残っていくためには、海外に目を向ける必要がありますので海外進出へのサポートなども行っています。

性善説で社員を信じる

現在、弊社は約120名の社員が在籍しており、女性が6割です。意識的に女性を増やしているわけではありませんが、働きやすい環境を作ることは重視しています。コロナ禍以前からテレワークやペーパーレスで働ける環境を整えていました。そうすると、結婚や出産をされても辞める方が少なくなります。平均勤続年数を見ても、圧倒的に女性の方が長いです。

実際、産休・育休後は在宅業務にし、ある程度経ったら通常業務に戻すなど、一人ひとりの状況に合わせて働き方を決めています。「今日は会社に行こう。自宅で仕事しよう」といった選択も自由です。パートの方でも週4自宅、週1会社とパターン化している方も多い。聞いてみると、やはり移動がないこともあって、家の方が仕事が捗るとのことです。

また、弊社は地域社会に根ざした活動も重視しています。都心部からUターンする方たちをサポートするなど、そういった活動は社員たちも積極的に携わってくれています。おそらく自分たちが社会の役に立っていると、より実感しやすいからでしょう。

基本、弊社は性善説ですから、社員の言葉を信じています。よく「どうやって管理されているのですか」と聞かれますが、管理をするとむしろ管理から逃れようという意識が働いてしまいます。自由にしていれば自ずとしっかり働いてくれるのです。昼間に買い物に行っていようが、どこかで必ず挽回してくれる（本当はいけないことですが……）。

人財育成に関しては、管理者教育から始めています。年に数回、外部から講師を招聘したりして講義を行っています。

結局、経営は一人だけではできません。組織として優れた人財をどう活用していくのか。経営者はリーダーシップを発揮して、働いてくださる方々に働きやすい環境を提供することが延々求められていくのでしょう。

「Iwasaki Way」を必携！

弊社には「コーポレートデザインブック」があります。この中に、経営理念・ミッション・ビジョン・バリューを体系化した「Iwasaki Way」が掲げられています。経営理念については、岩﨑が提唱したものを私が若干アレンジしています。岩﨑は存在自体が行動指針といったカリスマ性がありますが、私にはありません。ならば、それを明確に伝えていかないとなりませんので、こういうブックを作りました。

「経営理念（Purpose）」は「社員第一・顧客感動・地域貢献」、「Mission」は「経営と、人生と、地域の力になる」、「Vision」は「静岡でナンバーワンのワンストップコンサルティング会社」、「クレド（Value）」は「チーム・イワサキ！」とあります。これらをより細かく紐解き、行動に一貫性を持たせることを社員に落とし込んでいます。

その大前提として「人と社会を豊かに、幸せにする」という考えがあります。弊社の社員がまず幸せであること、その輪を外へと広げていく。私たちが売っているサービスは、目に見えないものです。社員が持っているものが〝味〟になります。つまり、社員を一番に考えることはサービスに磨きをかけることと同義なのです。先ほどの話につながりますが、社員が幸せであれば、きっといい仕事をしてくれます。

地域についても、まずは自分たちが住んでいる地域から広げていきます。例えば地域のお祭りやイベントは、ほぼ１００％協賛しています。学校の卒業式などでも社員が花や「おめでとうボード」などを作成します。小さなコミュニティほど大切にしています。

自分を一番に考えることが大切

私の父はゲーム屋を営んでいました。ホテルなどにゲーム機械を納品する事業です。兄がその事業を継いでいましたので、子供ながらに経営のいい時も悪い時も近くで体感することができました。

父はそういう苦労をしていますから、私に公務員になることを勧めていました。そして、就活のとき「会計事務所もいいのでは」という父の言葉が頭に残っていたのでしょう。

ですから、特に夢を持っていたわけではないです。昨今、多くの大人は若い方々に「夢を持ちなさい」と助言しますが、私はそういう考えはありません。本当のやりたいことは、20代くらいだと見えづらいのかもしれません。30代、40代になって、どういう生き方をしたいのか、徐々に見えてくるものなのでしょう。焦らず、いろいろな経験を積んでほしいと思います。加えて、読書などを経て、思考のベースを培っておくことも大切です。

かたや夢を持っている方は、それを優先していただきたい。ただ、自分を犠牲にして、という考えはいかがなものでしょう。本音を言えば、一番は自分だと思います。まずは自分があって、次にその他というのなら理解できます。

とはいえ、個人的な夢がないわけではありません。長生きしたいですから健康に気を遣っています。今は1日1万歩以上歩いています。様々な情報収集と知識習得にも関心がありますから、ジムでウォーキングマシンに乗りながらセミナー動画を観ています。

サウナも好きで、そういうときに新たなアイディアが生まれたりします。「コーポレートデザインブック」は毎年更新しているので、次はどういうことを追記しようかなど、常に考えてはメモを取っています。

80歳くらいまでは講演活動を行ったり、現役でいたいです。もともと人前で話す機会も多く、最大7000人の前で話したこともありました。聴者の方の感想を聞くと励みになります。妻は旅行が好きですから、共に講演家として全国を回れればいいと思っています。

The Vision 2024

元自衛官たちの救世主！軽貨物による雇用

きむら ゆういち 木村裕一

株式会社 MILITARY WORKS 代表取締役社長

PROFILE

木村 裕一

1977 年、京都市生まれ。伏見工業高校を卒業後、陸上自衛隊に入隊。その後、習志野駐屯地第１空挺団落下傘整備中隊などを経て、2020 年に退職。2021 年 10月に、株式会社 MILITARY WORKS を設立し、代表取締役社長就任。

INFORMATION

株式会社 MILITARY WORKS
〒104-0061
東京都中央区銀座 1-22-11
銀座大竹ビジデンス 2 階
https://www.militaryworks.jp

多くの自衛官がセカンドキャリアに悩むという現状

私自身、自衛隊に所属していて、いざ辞めようというときセカンドキャリアについて、かなりの時間、苦悩しました。同様に、多くの現役自衛官や元自衛官の方が悩んでいるのが現状です。

私の場合は2011年の東日本大震災の活動をきっかけに、退官する決意を強めていきました。

何のためにここに来たのだろう。

自衛官は誰しも多少なりとも〝犠牲心〟を持っていると思います。自分たちの理想とかけ離れた活動に無力感を覚えました。すでに結婚することが決まっていましたが、「このままここにいていいのだろうか。自分のやりたいことを実現できているだろうか」、その疑問は日に日に切迫してきました。

ただ、辞めた当時、まさかMILITARY WORKSを立ち上げることになるとは思っていませんでした。保険事業に携わる方も多く、私もそのつもりでいましたが、わざわざ会社に所属しなくてもいいのではないか、と判断して控えました。

多くの知人から「辞めたあと、何していますか」「どうやったら自衛隊辞められますか」と連絡をいただくようになったのは、その頃です。

「そういうお悩み相談を受けるのもありかな」

と考えるようになり、今の事業を立ち上げることになりました。周囲の方にも相談すると、「自衛官のためになるからやってほしい」と応援の声をいただきました。実際、所属先の上司などに相談するよりも、辞めた方や民間の方に相談した方が仕事先を斡旋してくれるなど、建設的なアドバイスを得られるものです。

元自衛官だけが働く軽貨物配送業

最初の頃は、元自衛官に仕事先を紹介するコンサルティング業務に力を入れていました。しかし、これがなかなか難しい。自衛官は民間のことを知らないので、ギャップに戸惑ってしまいがちです。どうも民間の方が自衛隊よりも〝楽だ〟と誤解している方が多い。その結果、すぐに辞めてしまうというケースが何件か続きました。

「いきなりだと無理なのかもしれない」

と思い直し、一度弊社で働いてもらい、その後、他の仕事に就きたいというのであれば協力しよう、という方針になりました。

同時に着手していたのが、軽貨物配送業でした。軽貨物なら現在話題になっている「2024年問題」も関係ないですし、運行管理者も不要です。電気自動車をリースすれば初期費用も抑えられる。おかげさまで大手配送企業様とお取引きしていただいています。

また、電気自動車なら災害にも強いですし、元自衛官たちの貢献意識も充足できると思いました。災害時、水や食料の供給も大事なことですが、昨今ではスマートフォンの充電などが個人の生活イ

ンフラとなっています。
災害に遭われた方は情報がないことや誰かと連絡を取れないことに、大変な不安を覚えます。電気自動車なら電力を供給できるので、打ってつけなのです。
元自衛官の方々は警備員や守衛、幼稚園バス運転手などに就かれることが多いです。結果的に、「本当はもっと違うことやりたいのにな」とネガティブに捉えることもあります。もちろん、それらの職種が悪いわけではなく、若い方の場合はもっと稼ぎたいとも考えます。弊社の軽配送業は、その選択肢を増やしているということです。
実際、「税理士になりたい」ということで、しばらく弊社で働いたのち、税理士事務所に転職した方がいます。彼は自分で夢を掴み取りました。やはり全部をこちらが準備し斡旋することには限度があります。

彼のように、弊社で働くうちに自立心に芽生え、自分で強い気持ちを持って臨んでいれば、私以外の方も手を差し伸べてくれると思います。

SNSを通じた情報発信

今、私はYouTubeをはじめX（旧ツイッター）やInstagramなど、様々なSNSを利用していますが、当初から考えていたわけではありませんでした。

大きなきっかけは、2022年10月にYouTubeの番組「令和の虎」（起業家がプレゼンを行い、審査員から出資を募る内容）に出演したことです。その放映日に合わせ、あらゆるSNSを立ち上げました。

おかげさまで反響は大きく、SNSの閲覧数は伸びています。YouTubeでは、実際に元自衛官の方にインタビューしたりと、私自身、勉強になったり、楽しんだりしながら運営しています。

こういった活動により、最近では様々なメディアにも出演させていただいたり、自衛隊関連の事件や事故が起きるとコメントを求められることが増えてきました。

私は人前で話すことが得意な方ではないのですが、やはり発信することの大切さと求められているという手応えを実感しています。元自衛官の方からのお問い合わせは、これらのSNSを通してということが多いので、より内容を充実させていきます。

継続力とは「とにかく3年間は続けてみること」

私の考えるビジョンは、とてもシンプルです。

「とにかく3年間は全力で続けてみる！」

つまり「継続は力なり」ということです。昔の人は素晴らしい諺を残しています。「石の上にも三年」。そのことにより、自信も生まれますし周囲も認めてくれるようになります。

高校卒業後、自衛隊に入りましたが、当初から辞めたいという気持ちもありました。しかし、「少なくとも2年はやりなさい」とおっしゃる方がいました。私もどこか徴兵のつもりで続けることにしました。

私が所属していた空挺団にラグビー部がありました。

「自衛隊の仕事はしなくていいからラグビー部に入部してくれ」

と請われ、その通りにしたのです。幸い、ラグビーが楽しくて、それならもっと続けようという意識になり、30歳まで続けられました。ラグビーを辞めたあと、3年我慢して自衛隊を去ろうと思っていたところ、先に述べた東日本大震災の件があったというわけです。

私はプライベートでゴルフやランニングをしています。ゴルフはレッスンプロをつけ3年経ってやめましたが、ランニングは25年間毎朝続けています。

ただ、どちらも決して楽しいわけではありません。もちろん楽しい瞬間はありますが、やはり「続

けてみる」という一心のもと行っています。

ランニングにしても「体調管理」というよりも「精神管理」。自分に妥協したくありません。それに、心がスッキリするのは確かです。おそらく自分自身をどこか客観視しているのでしょう。冷静に分析しているといいますか、そのことは経営者になった今、特に役立っています。

実は弊社のミーティングはランニングを兼ねています。「参加しないと決定権はないよ」と伝えていますので、皆、参加してくれます。脳が活性化しているからでしょう。走っていると、あまりネガティブなことを言わなくなる、という効果もあります。私は基本的に一人で考えたり、決定したりはしません。皆さんの意見を聞いて、一緒に考えます。

組織づくりが新たなチャレンジの機会を創出する

しっかり数字を残して働き、稼げている若い方がいる一方、目先の利益ばかりを追ったり、目先の辛さに断念してしまう方がいます。

配送業は基本、朝から晩まで働かないといけません。もちろん働き方は人それぞれで、週6日働く人もいれば週3日の人もいます。自分がどれだけ稼ぎたいか、どういう生活を送りたいかによってきます。仕事が終わったあとは、LINEで報告することで良し、としています。

勤務中もどこから荷物を配ろうが構わない、自己裁量にしています。ですから、ある程度慣れてきてルートがわかってくると、

「あちらのお宅は午前中は留守がちだから後回しにしよう」

など〝戦略〟を練ることができます。

反対にいえば、楽して終わろうとすればできてしまう。人にもよりますが、最短ルートを辿っていくと自分の休憩時間も延びます。継続していくと、結構楽になってきます。うまくこなせるようになると、もっと荷物を引き受けられる。当然対価がついてくる。そういった自由度は結構持たせてあると思います。

それでも「なんで自分はこんなことをしているんだろう。これだったら自衛隊に残っていればよかった」と思い悩む。そして、辞めていってしまう方がいます。

しかし、続けていかないとわからないこともあります。それは実に惜しいことだと思うのです。次の仕事先で採用面接を受けたとき「前職はどうして辞めたのか」と聞かれ、「合わなかったからです」と答えたとして、面接官は「どれくらい働いたのですか」と聞くことでしょう。そのとき「3ヶ月です」と答えれば、首を傾げざるをえないと思います。

私は将来的に軽貨物配送業以外にもやりたいことがあります。以前「飲食業をやりたい」といった声がありましたので浅草で焼肉店をオープンし、元自衛官の方が2名働いています。現在考えているのはサバイバルゲームのチーム結成や警護関連の事業です。

今は人を増やしていくことで、個人のレベルを高め、組織力や団結力を養っていきたいと考えています。おそらく弊社を辞めてしまった方々には、この〝組織〟が嫌だったという方もいると思います。

自衛隊は組織そのものですから、その嫌悪感があるのです。「一人で働きたい」という気持ちになるのもわからなくもありません。自分で荷物をトラックに積んで、運び終わったら終わり、という仕事ですから。

ただ、我慢しなければいけない時期もあります。継続することで経験も積めますし、資金も増やせます。将来的に信頼される組織になっていけば、自衛隊関係者への発言力も増してきますし、民間との橋渡し役も担えると思います。

今は一気に仕事を拡大させるというよりも、人を根付かせる。少しずつ、ということを意識しています。正にビジョンが大事だということです。

私は、こう願っています。弊社で働く方たちが、自分で汗水垂らして稼いだお金を持ってきて、

「社長、次はこういうことを始めましょう！」

と言ってきてくれることを。そのためには、やはり継続なのです。

The Vision 2024

誰かの役に立てるから頑張れる!

やくしじ ゆうき 薬師寺悠木

株式会社 YAY 代表取締役

INFORMATION

株式会社 YAY
〒103-0027
東京都中央区日本橋 3-6-2
https://yay-corp.com/

PROFILE

薬師寺悠木

2017 年 2 月に創業された、株式会社 YAY 代表取締役社長。主な事業はコンサルティング、PMO、システム開発、アウトソーシングなど。クライアントの利益に貢献するという理念のもと、顧客への幅広い提案・対応が可能なコンサルタント。

会社員より個人事業を選択、個人事業からの法人化へ

弊社の主な事業はコンサルティング、PMO、システム開発、アウトソーシングを行っています。社名のYAYは「ワイエーワイ」と読みますが、創業時に社名をいろいろ考えていたところ思いつかず、最終的には家族経営かなと考えていたため、家族のイニシャルを組み合わせました。

私のキャリアのスタートは、2001年にSEとしてSIerに就職しました。会計や人事などの基幹系システム導入を担当し、その後コンサルティング会社に転職し、2013年に個人事業主となっています。

振り返れば、私は会社員に向いていなかったようです。組織に所属することがどうも苦手で、中学、高校も部活に入っておらず上下関係の経験がありませんでした。個人事業主になってからは、紹介いただいた仕事で結果を作る中で信用いただき、少しずつ大きな仕事を受けられるようになっていきました。徐々に売上規模が大きくなってきたことに加え、お客様から「会社として構えてチームをつくったらどうですか」と助言もいただいたこともあって、2017年に法人化することにしました。

東京と長野の2拠点生活　店舗と運営の立ち上げ計画

現在は東京と長野の2拠点生活を送っています。毎週のように長野と東京を行き来しており、長野では田畑の仕事を手伝っています。法人化する前からですので、10年くらいになります。農業は

やってみるととても奥が深く、すべての仕事に通じていることに気がつきました。自然や環境で学んだことは、仕事で人と接する際にも活かせます。農業をやっていればいつか他の仕事にもつなげられるかもしれないと思い取り組んでいましたね。

実際、2024年4月にはAIを活用したスタートアップ企業の立ち上げを、長野とのつながりがある人たちに協力をいただいて携わることになっています。

1つのつながりがメッシュのように、さらなるつながりを生んでいきます。こうした経験は、後には店舗を活用した事業に関するコンサルティングなどにもつながっていくと思っています。

フリーランスでチームビルディング

クライアントの業界は自動車、建築など様々です。仕事に合わせてチームをつくっています。最近はパートナー企業に仕事をお願いすることもありますが、基本的にはフリーランスの方をチームに加えていきます。フリーランスの個人の方は皆、自分の得意分野や特色があります。その違いを活かす前提でチームづくりをするのが私の特徴と言えるかもしれません。

新規で仕事が入ったとき、3日くらい待っていただきます。その間に直近2、3ヶ月にやりとりしていた方々を思い返して「あ、この人ならお願いできるかも」という具合に連絡を取っていきます。すると「その時期なら大丈夫ですよ」などと返事が来る。その方がダメでも誰かを紹介していただいたり、そういうふうにつながりを大事にしています。

AIもいろいろ試してみる

私が2004年頃にデータマネジメントを始めた時、一般的に「AIはもう使えないもの」と答えが出ていたと記憶しています。それから20年ほど経った今、技術が追いついてきて生成AIなども進化し、皆の目が向くようになってきています。様々なシステムも農業も、世の中からなくならないのと同じように、AIもこの先なくならないと私は考えています。今は音声とAIを組み合わせてサービスを展開したいと考えています。

例えば、飲食店でQRコードをスマホで読み込んで注文するのではなく、音声で注文を取る。自動車で目的地へ向かう際に会話やレコメンドを音声でやりとりする。そういうエンターテインメント要素をAIによって日常に加えたり、より便利に、より楽しい世の中になっていき始めています。そのために、自分たちもAIを扱い、より便利でより楽しいものになるのかを実証していきたい。

何事も大切なのは自分でやってみることだと考えています。自分でやりたいことを外的要因で変えられたくない。始めた時の計画とのずれは常に生じていて、軌道修正することで当初の計画より良いものにしていく。自分の気持ちから始めたことはとても純粋なものだと思っています。

ＡＩの活用方法は未開発なところがあります。実際ＡＩをやりたいと思っても、依頼する側はイマイチＡＩをわかっていなかったりもします。それに、ＡＩの技術を持っている人は周囲にいるけれど、その人たちを活かすこともまだできていない印象です。そういった人たちとチームを組んで、技術を活かしていくこともやっていきたい。もっと気軽に試してみるといいと思います。そうしてＡＩの人材も育てていく。

将来的にＡＩが発達していって、極論を言うと、そのうち働かなくてもよくなったら嬉しいですね。

仕事最優先にしない働き方

よくプロジェクトを続けていると、プロジェクト中に離脱されることが多く悩んでいると聞きます。私のところは、そういうことがほとんどないです。仕事を始める前に互いのスタンスを知っていることが多い、担当される方の背景や家庭の事情なども知っていることが多いなどの仕事以外の話もよくするからだと思います。

当たり前のことですが、フリーランスの方々は、プロフェッショナルであり、複数の仕事をこなしている方が多いです。その中で一緒に仕事をできる以上は全てのことにプラスに転じるように関わりたい。そうする中で、仕事が早く進めることができれば、当然余裕も生まれます。また、その逆も然りです。自分の予定を最優先させ余裕を持っておく必要があります。例えば子どもの習い事や学校の行事があるなら、どこに仕事を集中させるかをあらかじめ考えておく。そういう予定も含めて計画します。

フリーランスの人は同時に案件を抱えていることが多いので、強制はできません。フリーランスに限らず、人はロボットと違って働きたくない時、休みたい時もありますから、そういうこともちゃんと言ってもらえるような関係づくりは大切にしています。

パートナー企業の方と話していると、年間のこなす案件が増えるにつれて、スタートアップのような小さな規模の案件に対応できなくなってくると聞きます。いずれ私もそうなっていくのかなと思う中で、やりたいと思う人がやりたいことを適切にできるようにしていきたいです。フリーランスの方は自分の得意分野が明確だと思います。

おそらく私は成し遂げることやそれまでの過程がすごく好きで、個人か法人かにとらわれていないんでしょう。もっというと、仕事を仕事として捉えていないのかもしれません。仕事を頑張らないといけないという位置付けにしたくない。仕事を気張ってやっていた時もありますが、うまくいきませんでした。頑張るものではないと気づいたのは農業の経験によるところが大きいです。農業は自然に逆らえないこともありますし、本当にちょっとずつちょっとずつ自分のものにしていくものです。ま

た、農業は元々副業でやる人も多く、兼業農家という言葉があるくらいですから今のフリーランスの方との関わりとも近いものを感じています。
　コロナとは関係なく、個人事業を始めた2013年からずっとリモートで仕事していますす。たまに「会社に来てください」と言われることもあるのですが、その時は嫌な顔をします。いろいろ理由をつけて来てほしいと言われるのですが、最初に「行かない」と決めてあるので行かない。それくらい会社には行きたくないですね。私は「世の中、こう決まってるでしょ」という考え方がどうもできないタイプのようです。もちろん、本当に必要な時は行きますよ。

自分のために頑張れないから、誰かの役に立ちたい

　ビジョンは「お客様が求めているものを共に実

現する」、ミッションは「仕事を通して人々の幸せと豊かさを追求する」。〝Our Goal〟ということで「多種多様な能力を組み合わせることで、お客様の利益に貢献する」と掲げています。

私は自分のために頑張れない人間です。できることなら、寝ていたいしサボりたい。でも、誰かの役に立てる、ということだと頑張れる。

お客さんから仕事が来るということは、何かを期待されているわけです。困っていることがあるから解決してほしい、と。会社員でコンサルタントをしていた時、こう言われたことがあります。「お客さんのことが心配ではなくなったら、コンサルタントは辞めた方がいい」

でも、お客さんは何に困っているのか自覚がない時もあります。案外、口で言っていることと違っていたりもします。だから、よく観察しますし本質を捉えるようになる。

よく「仮説検証のサイクル」という言い方をするのですが、すべてを教わらずに必要最低限のことを伝えてもらって、それを試しつつ結果を得て考えるようにしています。そのように自分で試してみて困ったことを自分で解決していきました。自分の体験に基づいたことをお客さんに役立てています。例えばお金に対する困り事を解決するには、自分が本当にお金に困って解決した経験がないとできません。

プロジェクトが順調に進んできて困ったことがなくなってくると、「そろそろ私、いらないんじゃないですか」と言います。その方がお金もかかりませんよ、と。普段の仕事でサポートや相談が必要だから私に声がかかるのであって、一時的なものです。目の前の困り事を解決することが自分にとっても楽しいし、関係性も良くなるし、役に立っていると実感できます。

仕事は〝一時的〟なものと捉える

私は少なくとも5年先を見据えるようにしています。例えば、長野で店舗を建てる計画をしています。そこに飲食店かオフィスを建てる予定です。自分は東京と長野を行き来していますが、地方に移住しよう、地方で働こうと考えた時に、拠点がないと難しいです。職と住を解決するためには、アパート経営も考えています。それにはどうしても数年かかるのはわかっているので、２０２１年から構想していました。

何がポイントかというと何かをやることは〝一時的〟だということで、最終目標ではないということです。昔は仕事は長く永続的にやるものだと思われていました。ただ今の仕事は一時的なものだと思うんです。使い捨てとかそういう意味ではなく、先があるから一時的にならざるをえない、通過点になる。これは世の中のスピードとも関係しています。

これも農業の考え方に似ています。「よしお米を作ろう」と夏に思っても、その年の秋には実りません。夏に思いついた段階で、その1年の間では無理となります。次につなげていくという視点が大事。持っている種を植え、それを実らせて、さらに種を取り植え続けること。ただ、人の畑に植え続けても自分の作物にはなりません。自分の身には何も残らない。

さっきのＡＩの話にしても、一度は使えないと烙印を押されていました。でも、続けた人がいるから今があります。遊び心でも試してみなければ、行動しなければ先につながりません。

自分自身が状況を受け入れていたら、何をやってもいい

極論、何もしたくないならそれでもいいと思っています。会社勤めの場合、異動だ解雇だと言われるかもしれないですが、他にやりたいことがあれば仕事を続けながらでもやってみるといいと思います。私も会社勤めの時、こっそり副業をしていました。やりたいことがある、という自分の想いを大事にした方がいい。

何が何だろうと、自分自身がその状況を受け入れてしまえばいい。その方がかえってパフォーマンスも発揮できます。「そんな自由にできない」と思う人もいるでしょうが、気張らずにやってみることをおすすめします。やる前に考えすぎてはいけない。

私は一緒に働く人たちの行動に、本当のところは関与できない。好きにしていい。ただ、自分に足りないものを補うためにチームを作るということは忘れてはいけないと思います。補えて初めて仕事になることもあります。誰かに補ってもらうということも、大事な観点です。

誰かに「これをやってみてよ」と言われたら、それは自分に期待してくれている証かもしれません。その人にとって足りないものをあなたに補ってほしい、という期待。1つの期待に応えることが、さらなる期待につながっている。そうやってポジティブに変換してみるといいと思います。

The Vision 2024

地元沖縄の再建
地方創生のパイオニア企業

山川勇之丈《やまかわ ゆうのすけ》

株式会社 Human Creation　代表取締役 CEO

PROFILE

山川勇之丈

沖縄県出身、宮崎産業経営大学経営学部卒業。2014 年、新卒で東証一部上場企業アイ・ケイ・ケイホールディングス株式会社に入社。最速で管理職にあたる支配人に 24 歳で昇格、その後総支配人、人事責任者を経験。マイナビ新卒就職人気企業ランキング九州一位を獲得。その後 2022 年 2 月より、出身地沖縄にて地方創生を人の創生からというビジョンで Human Creation を立ち上げ、HR 領域で新卒採用や組織のコンサルティングを行っている。同時に別法人にて「琉球再建を掲げ」ビジネスコミュニティ「Groove Okinawa」の運営を始める。

INFORMATION

株式会社 Human Creation
〒 900-0005
沖縄県那覇市天久 2-31-16
サンセットパレス新都心 402
https://www.human-creation.com/

新卒採用に関する事業展開

私は現在株式会社Human CreationとLink Time合同会社の2社の会社を経営しています。前社では、主に新卒採用のコンサルティングやRPO（採用代行）、インターンシップの設計、新卒／中途の地方人材の紹介といった採用・人材領域の事業を展開しています。

後社の方は「Groove Okinawa」という沖縄の10～30代の次世代リーダーの発掘と育成を行い、沖縄経済を牽引するというビジョンを掲げたビジネスコミュニティの運営を行っています。

ウエディング業界で組織づくりを学ぶ

中学・高校時代から、今のビジョンにつながる「琉球再建／琉球経済圏の確立」という大きなテーマを胸に抱いていました。組織づくりにおいて、世界最古かつ最大なものは何かを考えた時に、行き着いた答えは宗教でした。宗教は経典や教義などの教育システムが確立され、会社でいう「MVV（ミッション・ビジョン・バリュー）」が明確です。MVVをマネジメントに落とし込んだ理念経営を学んで沖縄の再建を果たしたいと思うようになりました。それと同時に30歳までに地元沖縄で起業し沖縄を一緒に盛り上げていけるような仲間づくりもすると決め、そのためには理念経営に基づいたマネジメントを学ぶ必要があると考えました。

そして大学卒業後、ビジョンである「琉球再建をする組織」を創るため自身のステップアップとして、理念経営を実践実行しているアイ・ケイ・ケイホールディングスに入社しました。同社は「国籍・宗教・性別・年齢・経験に関係なく能力を発揮する人財になる」という経営理念やグローバルなビジョンを掲げ、世界を視野に企業経営しています。

その中で24歳で管理職に就き、26歳の時には九州で業績低迷している店舗の総支配人として赴任しました。この店舗は約30年前に建てられていたため、施設も設備も他の式場と比較してかなり老朽化していました。ウエディングではお客様から常に真新しさが求められますので、会社としては当初数億規模の大規模な投資を行い、チャペルや披露宴会場をリニューアルした上で業績の転換を行う構想予定でした。ただ、私自身が大切にする「理念経営」や「人の可能性を最大化するマネジメント」を軸にトップとして店舗の旗振りを行い、すぐに効果が出始め、赴任した当月から業績が回復し1年で完全なるV字回復を遂げました。その後、その実績を基に全国18店舗の営業メンバーの統括をすることになり、営業組織を管理するようになりました。

28歳の時、人事責任者に就任し管轄店舗や営業だけでなく会社全体1000名規模の様々な人事制度の見直しをしました。また採用においてはコロナ禍の影響もあり、本業の業績が厳しく、バックオフィスの人事予算も前年比7割削減されましたが、新卒採用における戦略を大きく見直し、特に九州エリアでは他社に先駆けオンライン・対面のハイブリットでインターンを行うなど学生とのコミュニケーションや企画設計に工夫を凝らしました。おかげさまで、当時の人事メンバーの努力もあり「マイナビ九州沖縄新卒人気企業ランキング」で4年連続1位を取ることができました。

沖縄を盛り上げたいという想いで30歳で起業

当初の計画通り、三十路に差しかかったタイミングの2022年2月に起業しました。ただ、正直言うと綺麗なビジネスモデルは固まっていなかったのです。ビジョンは明確でも、何を、どういうふうにやればいいのか、まったく考えのないまま沖縄に帰ってしまいました。そのため沖縄のマーケット環境を知るためにまずやったことは、2ヶ月で200人に会って情報交換し環境を知ることに徹しました。というのも、10年以上沖縄を離れていたので人脈が高校時代で途絶えていたからです。ご紹介でのご縁やSNSを活用したアプローチを行い、ひたすら沖縄のビジネスマンと会いました。

その頃に沖縄の次世代を育成していくコミュニティの創設を考えました。と同時に、沖縄だけで事業を進めていくことの困難さを目の当たりにし、起業の厳しさを痛感していました。そんな模索する中で、県内では長期的なビジョン実現に向けた次世代育成のコミュニティ運営と短期的には県外で戦えるビジネスモデルやサービスを作ると考え、自分の得意としている新卒採用領域で勝負することを決めました。

キャリア形成において新卒採用が重要

キャリアを築くにあたって、最も大事なのはその1歩目です。新卒採用と中途採用の一番の違いは、お互いに求められることが違うということです。新卒はポテンシャル採用と言われるように将来的な可能性で見てくれますので、未経験が前提の上で長期的な人材価値として求められているということ。中途は会社の売り上げに直結するような短期的な即戦力を求められるということです。その大きな違いの中で、自分の将来像をどこに軸（その1歩目）を置くのかで長いキャリア人生の市場価値が大きく変わっていきます。

新卒で入社した会社の仕事は自分の仕事における基準値となります。その会社がレベルの高いハードワークの環境だと、それが自分自身の仕事の基準値になっていきますので、どこの会社に行っても通用するでしょう。

中途での転職活動する際には社会人経験もあるからこそ何が重要で、何を価値観として大切にするかを含め、キャリアの方向性が固まっているからこそ基本的には自分自身の力で会社選びが進むケースが多いです。しかし、新卒採用の学生で、とりわけ地方学生だと就活においても情報格差や県外への就職希望する場合だとほとんどが孤独で就活を進めなければなりません。だからこそ、地方学生に関しては就活を首都圏同様にしっかりと進めれるよう現在は県外就職希望の学生を中心に支援を手厚くし、地方の物理的なハードルからくる就活格差をなくす支援活動もしております。

コスパ、タイパを重視するZ世代

コンサルティングのご支援の依頼をいただくのは基本的にエリアは特に問わず、地方もあれば首都圏もございます。また、文系・理系採用問わず対応しています。規模感は上場企業もあればスタートアップもあるため新卒採用でお困りの企業様であればサービスをオリジナルで組み立て課題感やニーズに合わせて提供しています。

現在新卒採用はインターンシップが主流で、大学3年生の夏時点で8～9割の就活生がインターンシップに参加しています。採用の媒体も増えていますし、やはりZ世代の学生たちはそれなりに情報収集がうまくできていきます。時代によって就活の仕方も大きく変わってきています。今の学生はオンラインをうまく活用していますか

ら、企業側も学生の価値観に合わせたコストパフォーマンス・タイムパフォーマンスを意識した採用設計をしないといけません。

現在内定辞退率は60％にも上るという統計が出ており、2社に1社は学生から内定を辞退されています。昭和の時代のように「自分たちは採用してあげているんだ」という上からのスタンスでは採用も難しくなりました。そういうスタンスの企業があれば、「それでは学生は来ないですよ」とマインドセットから行っていただきスタンスを改めてもらうようにしています。そんな中首都圏の企業と比べ、地方は新卒採用で重要なインターンシップを導入できていない、もしくは活用しきれていない企業が多数です。まずはその導入を始めることからスタートし、大学の1、2年の学生たちも青田買いとして早期に取り込めることが大手企業や採用強者の企業にも負けない戦略だと提案をしています。

琉球再建と地方創生のパイオニア企業

先に挙げたように個人ビジョンの「琉球再建」、Human Creation ビジョンとしては「地方創生のパイオニア企業」を掲げています。沖縄は小さい島ですが島自体のポテンシャルと人の魅力がいっぱい詰まっていますし、アイデンティティを持っている人が多く沖縄を盛り上げたいという若い世代は他県に比べても多いと感じています。沖縄にはそういった熱い思いを持った人間も多く、私のビジョンに共感をしてくれて当事者として一緒に盛り上げていく仲間たちもいます。ただその一方で、それぞれが一定の影響力をもつ単体の個で動いているとなかなかインパクトを生み出すのが難しい面もあるので、その一人一人の力をより大きなインパクトを生み、ビジョンを達成する沖縄経済を牽引する若手のリーダー輩出を掲げ、冒頭に触れたコミュニティ運営事業も行っています。

地方創生のことでいうと、「地方創生といえば○○企業や○○サービス」といったパイオニアとしての存在はまだ世の中になかなか聞かないです。本当に困っている地方だからこそ当社の技術で地方創生におけるパイオニアになろうという思いを込めてビジョンにしています。地方創生においては「人」が軸で様々な創生が生まれることを考えています。そのため〝人〟に関する領域を広げていくことで、新しい企画やイノベーションを創るための仕掛けを考案し活動しています。

弊社では地方創生の新たな起爆剤として「ＯＦＡ（One For All）」というプログラムを考案しました。一般的な採用活動だと個社ごとで行いますが、地域という枠を一単位として捉え、複数社が合同で採用・教育活動を実施します。地域の対象は首都圏や地方都市ではなく、九州だと沖縄や長崎、熊本のような地方エリアです。例えば熊本学生の就活事情でいくと、熊本本社企業への就職志望度は30％程度で、その大多数が県外就職を希望しており、地方エリアから若い力が流出していく実情があります。

そもそも一般的な会社ごとの採用の場合、採用のマーケットが大きいこと、自社の採用（認知）ブランディングがあることの2つの条件が必要なため、採用リソースやノウハウがない中小企業だと採用すること自体が難しく、結果として人手不足で悩んでいます。それならば地域の5～10社が連携し行政も巻き込み、地域で採用し育てていくという構想ができました。具体的には個社から地域の採用チーム（ＯＦＡチーム）の結成により、各社が結託して採用活動に取り組む。そのために弊社が行うのは、全体のコンテンツ設計や企業側と学生側へのマネジメントやディレクションです。

現在は、九州のとある地域にて本年導入に向けて動いているところです。ＯＦＡプログラムの一番の肝は、学生と企業側のタッチポイントを就活という軸ではなく、「成長インターンや地方創生、地域貢献、学外活動としてのガクチカ作り」という就活前のいくつかの参加目的から接点を作ることです。当社で考案する様々なコンテンツを通して成長や気づき、学びを得る体験をしていただきながら、徐々に「地域貢献する人材になる」というマインドセットや地域人としてのアイデンティティを触発することで、当初地元で就職を考えていない学生にOFAを通じて地域就職するというマインドセット状態を生み出すことです。ゆくゆくは自走化できるよう、2年目以降に関しては、1年目のOFA参加学生が採用メンターとなり、企業の一員として共にOFA参加の後輩学生の成長を促します。また、地域人材として企業ごとの式典も合同内定式や合同入社式として合同で実施し、各社の連携を強固にすることを構想し地域全体として採用力や人材のレベルアップを図ります。その地域の未来のリーダー（地方創生人）を採用し育ててゆくOFAモデルを地方創生の起爆剤として全国各地へ展開する構想です。

リーダーたるものビジョンを持つことが大切

リーダーは旗を立てる人だと考えており、私自身このタイプのリーダーだと考えています。先のウエディングの支店で、私が初めに何をやったかというと支店のビジョンを変えることでした。以前から会社のビジョンと支店ごとのビジョンがありましたが、30年前に作ったもので完全に形骸化されていました。実際50名ほどの組織でしたが、当初のビジョンを掲げた時の従業員は3名しか残っていませんでした。「これは今いるみんなのビジョンではないのでは?」という問いから入り、その組織に私が今一番必要だと感じた「常勝、常翔、常笑」3つの「常SHOW」を軸にチームビルディングを行い、現在いるメンバー全員でビジョンを構築しました。それを機に、ビジョンが自分ごと化され構築当初から雰囲気がガラリと変わり業績も連動して伸びました。ミッションや使命とは「何を為すために命を使うのか?」を自分に問うことで、自分の生きる道筋や原動力になります。そしてそのミッションを自覚した上でその先に描く、ビジョン。ビジョンを持つことで挑戦を後押しするアクセルになったり、立ち止まってぶれていないかを考えるブレーキにもなります。リーダーたるもの、その原動力やアクセルとなるミッションやビジョンは持つべきだと思います。

また、ビジョンを持つことで「類は友を呼ぶ」と言われるようにその念いに同志が集まってきます。時には考えが合わない人もいますが言葉は違えど、ミッションやビジョンの本質は一緒だったりするので、その人が見ている視点から見るとどうなのか等、本質はブラさずにあくまで手段や活用方法の1つとしてその人の気持ちや考えに寄り添うことも大事にしています。コミュニケーションに関しても、基本的には下の名前でお呼びすることがあります。そのほうがしっかりその方と向かっている気がするからです。会うべき時に会うべき人との縁があります。その出逢いが無駄だという時間はありません。それを無駄にするのか、それともご縁として長く良縁にするかのすべては自分の解釈次第です。

理念やビジョンに共感できる企業を選ぶ

皆様の企業選びの軸は何ですか?　その企業選びで重

要なのは何に共感してその企業に入りたいのか、その問いがとても大切です。組織への共感要素として People（人）、Privilege（待遇）、Profession（仕事）、Philosophy（理念）、4つのPがあります。

大概の人は Privilege の給与や福利厚生が手厚いかどうかに目が行きがちです。その次に People（人）や Profession（仕事）が重視されています。そして一番疎かにされるのが Philosophy です。新卒者対象に企業選びで重視するポイントについてアンケートを取った際「理念やビジョンを重視する」の順位はなんと9位でした。まだまだ学生側にもそうですし、企業側にとっても理念などの重要性は採用や組織作りにおいてまだまだ伝わっていない印象があります。

会社を辞める時の大きな理由の1つに、価値観の相違があります。これは恋人や友達などの人間関係が離れる時にもよく当てはまります。それにも関わらず、企業選びの時は、案外価値観のズレを気にしていない。働いていると、家族や恋人など他の誰よりも会社メンバーと過ごす時間が長くなるのは社会人の宿命です。その一緒に働く仲間や会社が何を大切にし、どの方向を向いているのか、どんな価値観を持っているのか、ここに共感できなければきっと合わないでしょう。だからこそ自分自身の自己分析を行い、自分の価値観もわかった上でその企業のミッションやビジョン、社風や価値観とマッチされることが重要だと考えます。

おそらく会社に入れば、理不尽なことや嫌なことも多々あるでしょう。そんなちょっとしたきっかけで振り回されるのではなく、自分自身の大切な価値観と合致する企業であれば多少の我慢はあれどやりがいや楽しさもそれ以上にあるはずです。それら企業の大切な理念、ビジョンの重要性を説き、Philosophy 共感の人材を創出することが私の使命です。

The Vision 2024

「おいしいをつくる・つなぐ」〝近江〟を冠したブランディング

やまもと ひでき **山本英柱**

ドリームフーズ株式会社 代表取締役社長

PROFILE

山本英柱

1975年生まれ、愛知県出身。立教大学大学院卒業。経営学修士号（MBA）取得、IT教育事業の起業、コンサルティングファームでの勤務経験を経て、2004年にドリームフーズ株式会社へ入社、2011年より代表取締役社長に就任。

INFORMATION

ドリームフーズ株式会社
〒522-0021
滋賀県彦根市幸町74-1
https://dreamfoods.co.jp/

近江ちゃんぽんをメインとした外食・食品事業

当社の主な事業内容は、ドリームフーズが担う外食事業およびグループ会社の近江食品が担う食品事業の2本柱です。

事業のはじまりは1963年に開業した食堂「麺類をかべ」です。うどん、そば、中華そばなどの麺類を提供するその食堂を父が譲り受けた後、人気商品だった「ちゃんぽん」に注目して1989年に専門店として新規出店したのをきっかけにチェーン展開を進め、今日の「近江ちゃんぽん亭」につながっていきます。また、その派生業態として蕎麦専門店の「金亀庵《こんきあん》」なども展開しており、現在は全国で合計70店舗あります。

2018年には創業文政11年の食品メーカーマルマタを傘下に加え、食品事業にも参入しております。醤油、だし、漬物などの製造販売を行う一方で、当社の外食事業をサポートするセントラルキッチンとしての機能も果たしています。このM&Aにより、本格的なチェーン展開のための基盤が堅固なものになりました。

社会人学生を卒業した翌年に承継

私がドリームフーズに入社したのは2004年です。それまでは、父の仕事とは異なるキャリアを歩んできました。大学卒業後は大学院への進学を目的に米国へ留学しました。その当時の米国は

ＩＴバブルの真っ只中で、インターネットが徐々に普及し、新しいビジネスが生まれていました。そこに刺激を受け、自分も1日も早くビジネスの世界に飛び込みたいと思い、留学後1年で帰国し、仲間と共に地元の名古屋でＩＴ教育事業の会社を起業しました。

私はいずれ長男として、父の事業を承継する立場というぼやっとした意識はありましたが、当時はまだ何も決めておらず、しばらくは自分の好きなように生きてみようと考えていました。起業から2年ほど経ち事業は順調に拡大しましたが、少し物足りなさも感じていました。地元を離れて東京で一旗上げたいという想い、また自分自身をもっと磨きたいという抑えきれない欲求が高まり、私は仲間に事業を任せてＭＢＡ（経営学修士）を取得するために進学する道を選びました。

そして無事に大学院への入学を果たしましたが、当面の食い扶持を探さねばならない。そこで出会った知人からの紹介で、医療系コンサルティングファームでの仕事に就くことになりました。私は当初、学業の傍らで生計を立てるためのアルバイト感覚だったのですが、大規模な国の先端遺伝子研究プロジェクトにアサインされ、そこからはどっぷり仕事にのめり込んでいきました。そしていつの間にか〝主力級〟の仕事を任されるようになり、昼は仕事をしながら、夜は学業という二足のわらじを履き、睡眠時間を削りながらの濃密な2年間を過ごすことになったのです。

その後２００3年に人生の転機が訪れます。その年の暮れに実家に帰ったときのことです。突然母から「お父さんが、来年あなたが帰ってくるから、いよいよ全国展開するって息巻いているわよ。もう幹部の方にも伝えているって」と言うのです。いずれは、という考えはありましたが、「いよいよか」と思いましたね。

しかし、当時はバイオベンチャーが世間的に注目を浴びていた時期で、そこで積んだキャリアを手放すことには大いに葛藤がありました。しかし〝家業〟を継ぐのは自分以外にいないと、悩む気持ちに踏ん切りをつけて、こちらへ戻って来ることにしたのです。

時には衝突も。自分の正義を貫く

私がドリームフーズに入社した当時は、日本各地で大型ショッピングモールの出店が活発化していた時期でした。そんな中で大手商業デベロッパーさんからの引き合いをいただき、京都と愛知での新規出店のチャンスが訪れました。当時は滋賀県内で13店舗を展開していましたが、ローカルから全国へと一気にシフトアップするチャンスでした。

私はまだ入社したての新人で、それまでとは畑違いの業界なので右も左もわからない状態でしたが、ここでの失敗は許されないという強い想いをもって、まさに体当たりで様々な仕事に取り組んできました。

しかし、やはり社長の息子ということで社内では腫れ物を触るような扱いを受けたり、現場のことを何も知らない若造が出しゃばるなと言わんばかりに無視されたりもして、思い通りにいかないストレスに苦しみました。私自身もどうにか結果を残したいと焦る気持ちで、空回りしていた部分もあったのかもしれません。正論をぶつけて社内でハレーションを起こし、数名の退職者を出して

しまいプロジェクトが空中分解してしまう危機にも直面しました。それでも私のビジョンや考え方についてきてくれる若手の社員もいました。そのメンバーが助けてくれたおかげで、徐々に組織変革が進んでいきました。

会社に入り時間が経つにつれ、社内のいたるところにある課題が浮き彫りになってきました。今ではずいぶん改善されていますが、当時の飲食業界は全体的に従業員のモラルが低い傾向にありました。退職したら他に移ればいい、と安易に考えている社員も多く、仕事に対する熱意が欠けているように思えました。

それまで名古屋や東京で一緒に仕事をした仲間たちは、高いプロ意識とビジネスへの情熱をもって目標達成のためにコミットしている一流の人たちでした。だから余計にギャップを感じざるを得なかったのです。自分の目の前で起きている事実から目を背けるわけにもいかない。「前からこうなんだから、それでいいじゃないか」という意見や反発も出てきます。価値観の相違ですから仕方ないところがあります。

ただ、こちらも簡単に妥協はしないと心に決めて、とことん向き合って闘ってきました。傍から見れば同じ会社に見えるかもしれませんが、当時から中身はガラッと変わりました。品質改良、新規出店、人財育成、組織変革、ブランディングなど同時並行で課題を解決するのは負荷が高かったですが、絶対に成功させるという情熱があったから乗り切ることができました。自分で自分に課したハードルです。乗り越えないわけにはいきません。

二代目ならではの苦しみも味わいましたが、その過程でも父は私を信じてすべてを任せてくれました。一般的に事業承継でのトラブルは、先代が口出ししすぎてしまうことから起こるのが多いようですが、父はそういうタイプではありませんでした。「好きにやれ」のひと言です。それは本当にありがたい部分でした。

地域への感謝の思い、三方よしの精神

私は愛知出身ですからもともとは滋賀に地縁も血縁もありませんでした。しかし、もう20年以上も彦根でお世話になり、滋賀県内で30店舗以上を営ませていただき、近江ちゃんぽん、近江そば、近江漬物、近江醤油など、地域名を冠したブランドを多数展開させていただいています。ホームグ

ラウンドでたくさんのファンに支えられているからこそ当社は強く、アウェイに出ても心置きなく闘うことができると考えています。

滋賀というと近江商人の発祥地です。近江商人といえば、買い手よし、売り手よし、世間よしの「三方よし」の精神で有名ですが、これは現代でも通用するビジネス哲学です。ここでいう「世間」とは、会社のステージや時代によって範囲が変わっていくのだと思います。今の当社が意識できる「世間」とは、自社の周りのステークホルダーや彦根という狭い領域かもしれません。

しかし、さらに事業がスケールアップしていけば、次第に日本や世界と広がっていくのだと思います。「三方よし」の精神はＳＤＧｓの基本的な精神とも通底していると考えています。まず、私たちができることというと、ステークホルダーの方々を幸せにすることです。正しいビジネスを通じて正当に利益を稼ぎ、その利益をしっかり従業員たちに還元する。お客様に対しては、口に入るものですから美味しいのはもちろん、安心安全でなければいけません。

また、社会に向けてはフードロスや環境負荷の軽減などの社会課題から目をそらすわけにもいきません。なので食品の残渣を肥料へと再利用し、地域の農家の方へ還元する取り組みなども積極的に行っています。

「おいしいをつくる」だけでなく様々へと「つなぐ」

当社のパーパスは「Power to the People」でミッションは「おいしいをつくる・つなぐ」です。

食を通じて人々に活力を与え世に貢献することが私たちのビジネスゴールであり、それはよりおいしいものをつくり、より多くの人々へつないでいくプロセスによって実現します。８００名の従業員の多くがパート・アルバイトさんで、年齢も教育水準もバラバラですから、伝わりやすいようになるべくシンプルな言葉にしました。

飲食業には製造業とサービス業の両要素があります。私が入社した頃は「おいしい」ものをつくるところで意識が止まっていました。キッチンの仕事が重要視され、とりあえず良い商品さえ作れば売れていくという製造業的な発想です。

しかし、私は飲食業の本質はサービス業だと信じています。商品を提供するだけならコンビニでも十分です。外食はお客様の前でプレゼンテーションを行い、期待を超えた感動を生むことでファンが生まれます。お客様は商品だけでなく、おもてなしや店内環境なども含めた総合ポイントで評価します。なので「おいしいをつくる」だけでは不十分で、接客や店内環境を通じて「つなぐ」活動を意識することを強調しています。また、私たちは生産者から消費者へのバリューチェーンの中間にいて、産地とお客様を「つなぐ」立場でもあります。

生産者さんの想いの詰まった食材を私たちの技術と情熱で付加価値を最大限に高めて、より多くの地域、お客様にお届けするのが使命だと思って日々努力しています。

よきモデルに出会い、自分の理想像を膨らませてゆく

私は経営者として、常に自分の思い描く理想の経営者像に近づくために努力してきたつもりです。過去に様々な経営者と出会ってきましたが、そこでモデルとする先輩経営者を見つけてはベンチマークにしてきました。

地方にいると一定の成功を収めるとチヤホヤされやすく、慢心してしまいがちです。しかし、自分よりスケールの大きい経営者との出会いが刺激となって、自分に対するハードルを高めながら成長につなげることができたのではないかと考えています。

もし自分が大きなビジョンを描けていないのであれば、より大きなビジョンを抱いている経営者と出会い影響を受ける。そしてそこに近づくために努力を重ねる。まだまだ私自身も未熟な経営者だと思うので、さらに自分を磨きあげてより高い視座をもった尊敬されるリーダーに一歩でも近づきたいと思っています。若い方々はビジョンを持って、よりスケールの大きな人間になってほしいと思います。

The Vision 2024

教育者でもある経営者
ものづくり×社会貢献

いとう まさたか 伊藤正貴

株式会社栄和産業 代表取締役

PROFILE

伊藤正貴

横浜市出身。昭和 63 年株式会社栄和産業に入社し、平成 26 年に 2 代目社長へ就任。平成 15 年綾瀬市災害ボランティア あやせ災害ボランティアネットワーク発足 。平成 31 年綾南工業会会長就任 。令和元年あやとも協議会就労支援部会員就任（障害があっても障害がなくても共に生きる綾瀬を創る協議会 ）。

INFORMATION

株式会社栄和産業
〒 252-1125
神奈川県綾瀬市吉岡東 4-15-5
https://www.eiwa-sangyou.co.jp/

「難しい、面倒くさい、大型少数」のものづくりが強み

弊社のメイン事業は自動車や建設機械の部品製作です。例えば、大型建機のエンジンフード、バスのパネルフロントルーフなどを作っています。簡単かつ小型なものは海外生産になってしまいましたので、「難しい、面倒くさい、大型少数」といったものづくりが強みです。

他の強みとしては、プレス成形の深絞りです。深絞りとは、1つの型で成形することをいいます。これを2つ、3つの型で行うのだと差別化にはなりません。1つの工程で済みますので投資も少なくなります。また、一貫試行プロセスにより高品質・低コスト・短納期といったメリットをお客様に提供しています。

1974年に父が有限会社栄和産業を創業し、昭和の長男たるもの家業を継ぐという時代でしたので、私は1987年に入社しました。子どもの頃から現場を見てきて手伝ってきましたし、父のやり方も知っていましたから、すっと仕事に入ることができました。

その後2014年、創業40周年を機に私が2代目社長に就任しました。現在は、神奈川県に12工場、静岡県に2工場、計14工場稼働しています。

80歳現役の従業員も在籍　若手への技術承継が要

弊社では従業員の年齢比率を重要視しています。一番多いのは若手、次に中堅、そしてベテラン。

67歳の定年制はありますが、最高齢は80歳（2024年2月現在）の男性で、フルタイムで働いています。基本的には皆さん継続して働きますが、フルタイムは稀です。

66歳の誕生日を迎える頃〝社長へのお手紙〟をもらいます。

「このまま継続して働かせてもらえますか」

と、そのときに聞かれることが多いです。健康で仕事もあれば、それぞれの働き方によって雇用契約を結んでいます。

弊社は機械による作業もありますが、人による作業もあるので技術承継が必要です。ベテランの方は体力では若手に負けますが、技術力と経験値があります。それらを活かして、後進育成にも尽力していただいています。

今の若い人たちは80歳になったとき、年金をもらえるかどうかわかりません。つまり、生涯現役を目指さないといけない社会が待っているかもしれません。実際に80歳の方が現役で働いていると、その手本になります。

年金の話はピンと来なくても、80歳まで働くということを目の当たりにすると、今の自分自身の健康などの気づきがあると思います。

従業員が増えていくにつれ、一人ひとりとの接点が減ってきました。そのため、給料明細を渡す日に個人面談を行ったりします。他にも、従業員の誕生日のお祝いをしていて、もちろん、日常で何か困ったことがあったら、プライベートの話でも聞きます。私が話を聞くことで離職を防げるならそうしたい。シーズンになれば野球をやったりとコミュニケーションを取ることを大事にしています。

積極的な外国人雇用　日本語教室などのケアも充実

弊社では外国人の雇用も積極的に行っています。本社所在の神奈川県綾瀬市の隣の大和市に、インドシナ難民を受け入れる「大和定住促進センター」という国の機関がかつてありました。いわゆる3Kと呼ばれるような仕事ですから、なかなか人財が来ない時代でした。それなら外国人を雇用しようかという話になり、その機関にいたカンボジア人兄弟が私の父の時代に工場にやってきました。

その2人はとても真面目に働いてくれ、現在でも在籍しています。それならもっと増やそうというきっかけにもなりました。

現在ではカンボジア、タイ、ラオス国籍の社員が全工場を含め57人、入社前と入社後合わせて帰化している社員が8人います。全社員177人（2023年11月現在）ですから、約37％の比率です。帰化した1人は役員にもなっています。

日本語がまったく話せない人もいましたので、毎週「あやせ未来塾」という日本語教室を開講し、日本語を学ぶ機会も用意しました。この教室は弊社の従業員だけでなく、近隣の会社に勤める外国人の方にも開放しています。

弊社では、何十年と勤める外国人の方もいて日本語を上手に話します。彼らが入りたての外国人従業員と日本人従業員のパイプ役にもなってくれているので、重要な役割を担ってくれています。

障がい者雇用の拡大　名刺事業部を開設

障がい者雇用については、法定雇用率の対象内となったタイミングで始めました。最初の頃は苦労し納付金を納めることで濁そうと思っていました。

しかし、先代の父から「誠心誠意誠実と照らし合わせてやりなさい」という理念のもと、事業承継した経緯があります。納付金を支払うことは、その教えに反すると思いました。

弊社は新卒でも採用しており、同期同士が助け合っています。それなら大丈夫ではないかと思

い、隣の藤沢市の支援学校に相談しました。大きい製品を作りますし工場ですから怪我の恐れもありましたが、先生が翌日視察に来て、

「ここでなら働けますよ」

と言ってくださいました。採用ももちろんのこと、インターン実習も受け入れてくれないかという話をいただきました。

そして、最初に来てくれたのが女性の障がい者の方でした。この方が、障がい者でも問題なく働けることを証明してくれました。

実習の初めは、みんな緊張していますが、作業をして実際にできると自己肯定感が高まり、その効果が口コミで広がりました。その後、13校から受け入れ雇用を増やし、２０２３年11月現在で16人在籍しています。雇用率は10％弱になりました。

新たな観点の取り組みとしては「名刺事業部」

です。２０１７年に入社した男性が1人でやってくれています。彼は工場勤務が難しいため、最初はホッチキスを留める作業をしていましたが、テプラを使えることもわかりました。それならばパソコンも使えるかもと思ったら、案の定使えたので名刺を作り始めたのがきっかけです。

弊社にはよく綾瀬市役所員の方が来ます。その名刺を見せたら「販売しませんか」という提案を受け、市と購買契約を結び、毎年4月の異動期になると60、70人新規発注していただいています。

おかげさまで口コミで広がっていき、一般企業からも注文を受けています。栄和産業の名刺を買うことで、その企業の社会貢献にもつながっています。また、病院の診察券やショップのポイントカードへと応用も利きます。

ものづくりの企業でありながら、教育や社会貢献のお手伝いができている。法定雇用率は関係なく継続していこうと考えています。

ものづくり従事者がものづくりを伝えていく

企業理念は、

「ダイバーシティの力で笑顔あふれる未来を創りだす」

名刺にも「世界を笑顔にする」と印刷しています。誰であっても活躍できる会社が増えれば、誰であっても活躍できる社会が生まれます。企業理念だけは変えるつもりはありません。

最近は小学生が工場見学に来てくれます。最初は講話という形で、仕事や健康の大切さを伝えていたのですが、ものづくりの最前線を見てもらおうということになりました。

実際にものづくり体験もしてもらうために、ワイヤーアートを企画していて、小学生低学年と高学年向けにキャラクター教材「アービィ」「アービフ」「アービフト」を作ってもらいます。ペンチなどの道具は不要なので、30分も教えると作れるようになります。お土産として持って帰ると、とても喜んでくれます。反響も大きかったので、綾瀬市のイベントでもやれるようにしました。

なぜこのような取り組みをしているのかというと、日本は人口減少国のため、このまま放っておくと、ものづくり産業が衰退してしまうからです。弊社だけが発展しても、業界が衰退すれば意味がありません。

それならば、ものづくりに携わっている者がものづくりに興味を持ってもらえる努力をしないといけない。それを使命として始めました。

一方で、高齢者の方対象に「回想ワークショップ」を企画していて、指先を使ってクリエイティブな作品を作ることで認知症予防対策につながればと思っています。

一般社団法人「eiwa アカデミー」を創立し、景気の波に左右されることなく、補助金を財源に地域社会活動を続けられるよう体制づくりも行いました。

これまで触れてきた活動により、2020年に「新・ダイバーシティ経営企業100選」に選定、2021年に「日本でいちばん大切にしたい会社大賞」の審査委員会特別賞の受賞、2023年に「障害者雇用優良中小事業主」に認定されました。

弊社だけでノウハウや成果を独り占めするのではなく「栄和産業を見てみたい」というお声があれば、全部見せるようにしています。経験を伝えていくことも大事なことだと思います。話を聞きたいということであれば、いろいろな地方にも足を運んでいます。

弊社だって少し前にはできなかったことです。だからこそ他の企業だってできると思うんです。〝栄和産業モデル〟というふうに広げていければと思っています。

自己卑下する必要なんてない

最近の若い方は自己肯定感が低すぎると実感しています。もちろん、自信満々で入社してきても困りますが、

「そんなに自己卑下しなくてもいいのに」

と思うことが多いです。

「僕は何の役にも立ちません」と言う子がいて、「うちに来てできたことないの？」と聞くと「あれができるようになりました」と、それは「できているじゃないか！」と思います。もっと自分を認めることも大切だと思っています。

仕事で得られるのはお金だけではなく、経験もあります。昭和時代は「若いうちには買ってでも苦労しろ」と言いましたが、経験値は大切です。それにより自分の根っこを強く大きくしていく。お金は経験値に、ちゃんと付いてきます。

かたや社会の先輩方へは、生涯現役を目指されることも1つの生き方ではないかと思います。そのためには健康に対する自己管理は必要です。体が動けるうちは働きたいと思うものです。若い方への手本としても、意識していただきたいことですね。

The Vision 2024

プログラミングを学び、人生も〝楽しむ〟！

まつい のりあき **松井紀明**

合同会社 Phoeducation 代表社員（CEO）

PROFILE

松井 紀明

1974 年生まれ、神奈川県出身。小学校からプログラミングを始め、大学では情報工学科でプログラミングの楽しさを再認識。教授の推薦で一流企業に就職し、IT エンジニアとして 17 年間勤務するが挫折し、鬱状態に至る。退職後、治療に専念し回復。フリーランスのプログラミング講師となり、その後、合同会社フェデュケーションを設立する。

INFORMATION

合同会社 Phoeducation
〒 252-0239
神奈川県相模原市中央区中央 1-4-1
es ビル 3C
https://phoeducation.com/

プログラミングを楽しんでもらう

弊社、合同会社フェデュケーションは、ＩＴ教育に特化した事業を展開しています。特にプログラミング教育においては、新入社員研修や職業訓練校での指導経験が豊富で、ただ技術を教えるだけでなく、効果的な仕事の進め方やチームビルディングにも力を入れています。教育の基本理念としては、「ＩＴ技術をみんなで楽しもう！」を常に念頭に置いています。

社会におけるＩＴの普及は進んでいますが、それでも学んできた環境によって個人のＩＴリテラシーやスキルには大きな差があります。初心者から経験者まで、それぞれのレベルに合わせた指導を心掛けており、カリキュラムはクライアント企業のニーズに合わせてカスタマイズし、目標とするプロジェクト、例えばショッピングサイトの構築などに取り組んでいただきます。研修の期間や範囲については、クライアントと密に連携を取りながら決定しており、新入社員研修では30名から40名のクラスを受け持つこともあります。

さらに私たちは、個人向けに「未来エンジニア養成所」というプログラミングスクールも運営しています。ＩＴ企業への就職を目指す方々に、プログラミングスキルの習得はもちろんのこと、ポートフォリオ作成のサポートも提供しています。当スクールはマンツーマンでの指導を行い、受講者のニーズに合わせた学習プランを提供しております。

プログラミングを学ぶことで、ウェブサイトがどのように構築されているのかを実感し、学ぶ楽しみが増していきます。学ぶ過程で生まれる「この機能を加えたらどうなるだろう？」という創造的な思考が、さらなる学びのモチベーションにつながっていきます。

プログラミングから離れるサラリーマンの日々

私の日常は、かつてファミコンに夢中になったファミコン世代のサラリーマンのそれとは異なります。小学校3年生の時、初代ファミリーコンピュータが発売されました。

翌年には、ファミコンでプログラミングができる「ファミリーベーシック」を手にし、プログラミングの扉が開かれました。毎日のように友達の家で、ああじゃない、こうじゃないと言いながら、友人たちと創造の喜びに浸りました。当時の私にとって、プログラミングは単なる趣味ではなく、情熱を注げる原点でした。

中学で一時プログラミングから遠ざかり、部活動に打ち込んでいた時期もありましたが、高校で再びプログラミングに情熱を傾ける友人と出会い、熱は再燃。大学進学に際して、教育か工学かという選択を迫られたものの、情報工学科でコンピュータについて学べることを知り、そちらの道を選択しました。当時はインターネットが広がり始めたばかりで、ＩＴエンジニアの需要は高まっていました。バブル崩壊後という就職難の時代でしたが、運良くＩＴ企業への道を歩むことができました。

その会社には17年間在籍しました。企業での17年間は、プログラムを書くこと自体を楽しんでい

たものの、時間が経つにつれてプログラミングだけではなく、チーム管理やプロジェクトの牽引など、上位職への責任も伴うようになりました。納期やコストのプレッシャーもあり、上司や部下からの期待に応えることに苦慮しました。

精神的なプレッシャーから体調を崩し、会社に行きたくない、サボりたい、仕事が楽しくないという日々が続きました。2015年、そういった思いに押し切られる形で退職し、フリーランスとしての活動を開始しました。当時はフリーランスへの転身を考えていたわけではありませんが、振り返るとこれが私の人生における新たな章の始まりだったのです。

自分自身の価値に気づく

食べていくためにお金を稼がなければならない現実があります。もちろん、稼ぐ手段はさまざまですが、私の場合、ふと目にしたプログラミング講師の募集が人生の方向を変えました。自分にもできるし、向いているかもしれないと思い、面接を受けに行ったのです。履歴書を見た採用担当者は私の経歴を評価してくれ、講師として採用してくれました。そこで初めて、私には市場で価値のあるスキルがあることに気付かされました。

もともと教育に関心が高かった私は、教えることの楽しさを実感し始めました。特に、受講者が上達し、成長していく様子を目の当たりにすると、この仕事の醍醐味を感じます。初めて関わったのは民間のプログラミングスクールでしたが、そこで新入社員研修の講師のチャンスを得ました。この経験を通じて、仲間やビジネスのつながりも広がっていきました。

仕事の量が増えていったこともあり、２０２０年11月には、起業する決断をしました。また、私が教えていた職業訓練校の受講生の中には、「松井さんのようになりたい」と言って共に働きたいと志願してくれた人もいました。そうした熱意ある人材も迎え、現在は若くて活力のある20代、30代の５人の従業員と共に事業を展開しています。

会社の名前「Phoeducation」は、他にはない独自性を持たせるために私が創造した言葉です。「フェニックス」と「エデュケーション」を組み合わせたもので、不死鳥のように挫けずに立ち上がる受講生をイメージしています。スペルが間違えられやすいという難点はありますが、私はこの名前を気に入っています。

継続と成長を促し、何より楽しむ！

私たち合同会社フェデュケーションの最大の財産は、講師という〝人〟にあります。私たちのメンバーは、技術的な知識はもちろん、人を育てるノウハウを持ち、楽しみながら学ぶことの大切さを体現できる人財です。この点では、他には負けないと自負しています。

クライアントによっては、技術指導のみを求める場合もありますが、弊社は単にプログラミングスキルを教えることだけに注力しているわけではありません。プログラミングを始めたばかりで、楽しみながら学びたいという方々に最適なサービスを提供することが、弊社の特色です。初めての方でも安心してスタートでき、成長を促す自信があります。

研修では、具体的な業務知識まで教えることはできないかもしれませんが、自分で調べ、学び、対処する力を養うことはできます。私たちの指導を超えて、実務に臨む際にはさらなる努力が必要ですが、その基盤となる探求方法を教えることで、長期にわたってプログラミングを楽しむことができるようになります。

現在、メタバースやChatGPTなどの新しいＩＴ技術が次々と現れています。正直なところ、将来的にプログラマーの仕事がＡＩに置き換えられる可能性はあります。しかし、基本的な考え方、何が必要かを判断するのは人間です。プログラマーの数が減るかもしれませんが、私たちの役割はまだまだ重要です。新しい技術の波に乗りながらも、その根底にあるのは人間の思考力であり、この価値をこれからも伝えていきたいと考えています。

好きなこと、得意なこと、大事なことのバランス

私たちのビジョンはシンプルです。「プログラミング、そして仕事を楽しんでほしい」ということです。私たちは、誰もが「サザエさん症候群」、すなわち日曜日の夜に次の週の仕事に憂鬱になるような状態に陥ることなく、仕事そのものを楽しんでもらいたいと願っています。当社は規模が大きな会社ではありませんが、少なくとも関わってくれた人々には、仕事の楽しさを感じてもらいたいと心から思っています。

仕事が楽しいと感じる人は、長期休暇さえも嫌だと感じることがあります。確かに行き過ぎは良くありませんが、そう感じる人が増えることは、社会の活性化に繋がると信じています。私自身も、起業してから毎日が楽しく、24時間仕事を考えていても決して苦ではありません。これも、かつての会社員時代を経験したからこその実感です。あの頃は、目の前の仕事をこなすことが会社員の務めだと思い込んでいましたが、それに耐えられなかったのです。

今は、自分で仕事を楽しむ方法を見つけることができると実感しています。個人の性格や好みもありますが、会社側にも働くことを楽しくさせる工夫が足りないのかもしれません。楽しみながら仕事をすれば、仕事は長続きし、成長もします。「学習」「仕事」が「好きなこと」に変わると、成長のスピードは目を見張るものがあります。

「好きなこと」「得意なこと」「大事なこと」、この3つのバランスが取れていないと継続は難しい

です。好きなことだけでは、それは趣味で終わってしまい、お金につながらないこともあります。生活ができなければ楽しさも失われてしまいます。

会社としての今後の展望は、現在技術を教えることがメインですが、人を成長させる面においても、さらにできることがあると考えています。楽しめているかどうか、入社して2、3年が経った後もフォローし続ける体制を築きたいです。

そもそも「なぜ楽しくないのか」という問いに対しては、一緒に考え、楽しくない理由を解消し、解決策を見つけることが大切です。振り返りと自己比較を重視し、小さな成功体験を積み重ねていくことで、楽しく続けられるようにサポートすることが私たちの目標です。研修の受講者が20人、30人いたとしても、一人ひとりに対する向き合い方はマンツーマンで行くことが私たちの方針です。受講者の成長を感じられるからこそ、私たちも楽しめるのです。

自分は何が好きなのか、何をやりたいのか

今の若い人たちを見ると、素晴らしいポテンシャルを持った若者が多いことに気づきます。しかし、学校教育がもたらす副作用かもしれませんが、平均的な能力を求める風潮が、突出した才能を持つ人材の出現を抑えているようにも感じます。平均的に何でもできることが良いとされ、親や教師の言うことを守り実践する若者たちが、良い企業に入っていきます。入社後も、「やれ」と言われたことをやる。しかし、失敗した時に自分を責めすぎてしまうのではないでしょうか。

「自分は好きなことをしているのか？　今の仕事の目的は何か？」このような問いの答えが見つからない時、小学生時代を振り返ってみるのも良いかもしれません。あの頃、何が一番楽しかったのか、何に夢中になっていたのかを思い出し、その中に隠された自分の「好き」を見つける手がかりになるかもしれません。

セカンドキャリアを目指す私たちの年代の人々にとっては、「稼げるかどうか」よりも「自分が本当にやりたいことは何か」を見極めることが重要です。その信念があれば、稼ぐ方法はいくらでも見つかるでしょう。私にとっては、幼い頃に没頭したプログラミングがその答えでした。

いきなり起業するのも一つの道ですが、何より大切なのは、自分にとって「これだけは譲れない」ということを見つけ出し、それを追求していくことです。自分が何を楽しめるのか、それを深く掘り下げることで、新しい視点が開けることもあります。ですから、自己反省や自分史を振り返ることをお勧めします。

The Vision 2024

IT×カーボンニュートラル

〝先駆者であれ〟

五十嵐拓巳《いがらし たくみ》

株式会社 Transire Pontam 代表取締役

PROFILE

五十嵐拓巳

2010年、税理士法人個人事務所入所。2014年、山林相続専門プランナー事務所立ち上げ。2016年、大手企業にて営業とセールスマーケティングを学び、2018年、合同会社設立。2021年、株式会社 Transire Pontam 設立。IT ×カーボンニュートラルを世に発信。福利厚生として企業から副業×カーボンニュートラルの推進。

INFORMATION
株式会社 Transire Pontam
〒107-0052
東京都港区赤坂 2-5-8
ヒューリック JP 赤坂 5F
https://www.transirepontam.online

ITベンチャーからアパレル再利用企業へ

ＩＴ×環境保全。ひと言でいうと、そういった事業を行っています。もともとはホームページやＥＣサイトの作成、運用コンサルティングを担っていましたが、そこに環境保全として脱炭素のカーボンニュートラルを追加していきました。

カーボンニュートラルとは現在、国連加盟国を対象に地球規模での脱炭素を２０５０年までに完遂しようという取り組みです。

弊社ではアパレルの廃棄品の焼却阻止に注力しています。お子様の洋服など成長とともに着られなくなった洋服の廃棄を阻止するために、社内の先輩から後輩へ子供服の洋服など〝お下がり〟として循環させる仕組みを作りました。

サービス名をそのまま「OSAGARI」としています！　会社の福利厚生サービスとしてお子様の多い大手企業を中心に展開しています。

また、ボロボロになってしまってもう着られない服は弊社が回収し、海外の専門プラントにて繊維に戻して「クイックルワイパー」シリーズなど掃除用具の材料として再利用しています。

元は副業事業から着想を得たものでした。僕のようにベンチャーを経営している方にとって、副業は馴染み深いものです。

ただ、大企業にお勤めの方はなかなか副業をするのが難しい状況。では「どうやったらできるのか」

ということに注目しました。世論調査をしたところ「やりたいけれど、やり方がわからない」というお声が一番多かったです。また、大半のものが初期費用がかかってしまうことも悩みであることがわかりました。

以前からフリマアプリについて心得がありましたので、それを会社の福利厚生として社員の方にレクチャーする。そうすれば、社員の方々もいらなくなった洋服などを売るだけの副業として、費用もかからずにチャレンジすることができます。SDGsの観点によって多くの企業からもご好評をいただき、徐々に評判が広がっていきました。その中からいただいた「もう売れないボロボロの衣服はどうしたらいいか」という声に対して「最後に窓を拭くようの掃除用具として使ってください」と回答し、これがきっかけで衣類は掃除用具に変わるのだと気づきを得て、捨てる洋服を材料としての再利用事業が始まりました。

今後の展開としてフリマアプリは高齢者世代の関心も高いため、商店街復興プロジェクトの一環としてレクチャーを続けています。

起業するも挫折を味わう

小さい頃から犬や亀、鳥、ハムスターを飼っていて、自然や動物が大好きでした。旅行好きな家族でしたので、よく海外にも行かせてもらえました。初めてスキューバダイビングをしたのは10歳のときです。それ以来、海の虜になり16歳でダイバー免許を取得し、専門学校も動物系か海洋系に

進もうと思っていました。ところが一転して、会計専門学校に入学しました。

きっかけはとあるドキュメンタリー番組を見たことでした。その番組内でこんなコメントがあり、それが僕の人生を変えた言葉でした（お金があっても幸せになれるかはわかりません。ただ、お金さえあれば回避できる不幸はたくさんある）。

しばらく葛藤が続きましたが、あるとき母がぽろっと口にしました。

「将来社長になってお金を得ることができたら、好きなことをやればいい」

それだ！　もやもやが一気に晴れた瞬間でした。ただ、どういった道を経れば経営者になれるのかはわかりませんから、まずは会計を学ぼうと考えたわけです。そして、２０１０年に税理士事務所に入所しました。

２０１４年には、山林相続専門プランナー事務所を立ち上げました。実務経験を活かして活躍する予定が、経営の難しさに直面し1年ももたずに廃業することになりました。そのとき、会計と経営は違うのだと実感しました。

それから営業やマーケティングを学ぶために就職しました。同僚や先輩の方から情報を得たり、人脈を作ることができ、最初の起業時に不足していたのは情報と人脈だという気づきがありましたので、大変勉強になりました。

人と人をつなげる会社、コロナ禍で成長

２０１８年にＩＴ系の合同会社を立ち上げました。会計事務所から一転した理由はユーモアのある経営者の方から「君の名前は五十嵐拓巳、イニシャルが〝ＩＴ〟だから向いているよ」とダジャレのような話をされ、妙な縁を感じたからです。その後、２０２１年に現在の株式会社に発展しました。

社名はラテン語の「Transire Pontam」。「トランシーレ・ポータム」と読みます。「橋を渡る」という意味です。「人と人をつなげる」ということに重きを置いていますので、そのまま社名としました。会社ロゴも橋をモチーフとしています。

コロナ禍は、弊社にとって成長の分岐点でした。この頃にアパレルの副業が始まっていました。なかなか外出できないなか、家の物を整理する方が増え、同時にフリマアプリも爆発的に伸びました。大企業からもお声がけいただき、先のようなシステムを取り入れてくださるようになりました。

また、アパレルの再利用をすることでカーボンニュートラルに貢献していることにもなります。その実績をこれらの企業のホームページで公開することもできます。事業としてではなく、社員がボランティアとしてカーボンニュートラルに参加している。個人としても社会貢献ができ、衣類を売ることによる実利を得ることができます。

利便性を求めることで失ったものがある

現在はＩＴの時代であることは間違いありません。古くは18世紀、英国で産業革命が起き、インフラが整備されてきました。それ以降、様々な進化を経て現在に至ります。共通しているのは、人々の生活を豊かにしているということです。

ただ一方で、人々が利便性を追求するごとに失ってきたものがあります。それが地球環境です。僕は便利さ、つまりＩＴだけを求め続けることは先人たちへの侮辱ではないかと考えます。そちらを進めることと一緒に、環境保全も進めていく。それにより、人類と地球が共存する未来が実現できるのではないか、と思います。

残念ながら世界から見たとき、日本はカーボンニュートラル後進国です。２０５０年までの達成目標がありますが、道のりは遥か彼方といった現状です。

日本国内のＣＯ２排出量のトップは自動車だということは、一般の方でも予想がつくと思いますが、実は2位が衣類の焼却というと驚く人も多いのではないでしょうか。様々な地域でゴミの分別

が進んでいますが、衣類の多くは「燃えるゴミ」扱いとなっています。おそらく人々の認識にも、「衣類は捨てるしかない」というのが一番にあるでしょう。また、日本人はアパレル中古品をあまり好まない傾向があります。海外では古着文化は根強いですが、日本では品質がよく安価な製品が気軽に購入できるのも理由ではないかと思います。

アパレルブランドによっては自社製品の回収も行っている企業がありますが、環境保全は個人レベルではなかなか貢献度合い伝わりにくいものです。しかし、確実に成果はでておりますので一人一人の貢献に目を向けていきたいです！

弊社にも、徐々にアパレル企業からもお声がかかってきているので、認知度はまだまだ低いですが、弊社の活動が広がっていけるよう努めています。

The First Penguin　先駆者であれ

経営者にとって、一番必要なのは素直に真似る力だと思います！「学ぶは真似るの語源」と言われますが、経営者には先達が大勢いらっしゃいます。その方々はほとんどのパターンの成功も失敗もやり尽くしています。つまり先人から学ぶ力があれば、経営はある程度うまくいくと思います。いつまでも先人から学ぶ。学ぶためには時に、人から好かれないといけません。ある意味では「媚びる力」も必要です。

芸道や武道に「守破離」という言葉があります。最初は教わったことをただ守る。そこから既存の型を破り、基本などから離れ独創の道へと進んでいく。これを経営者として徹底させていくことが大事ではないかと考えます。

弊社のビジョンは「The First Penguin　先駆者であれ」です。僕の好きな言葉でもあります。もともと動物や海が好きですから、ペンギンという言葉に惹かれたのかもしれません。恐れずに一番に飛び込む。その先には天敵がいることもあるでしょう。しかし、リスクを負ったぶん、後方のペンギンより餌である魚を多く得られます。

冒頭に挙げたIT×環境保全ですが、なかなか業種としてかぶってはきません。今後も弊社が第一人者、先駆者として牽引できたらと思います。まだアパレルにしか注力できていませんが、大きな視点でのボランティア活動やカーボンニュートラル以外のSDGsにも取り組んでいきます。

現在、弊社ではバングラデシュの工場と提携しています。バングラデシュはアジア最貧困と言われている国の一つです。平均月収が日本円で８０００円ほどしかありません。弊社は平均より高い単価で仕事を任せています。そういう機会をより増やし、貢献できればと思います。

今後は環境プラス動物愛護活動も考えています。日本は海外に比べまだまだペット文化が進んでおらず、保健所も決して綺麗とは言えません。引き取り手がいない動物は殺処分されてしまいます。そんな現状を少しずつ変えていくために保護猫カフェを開設したい。お客さんの中でフィーリングが合う猫ちゃんがいれば里親になっていただく。殺処分待ちの猫を救うと同時に里親を探す。このプロジェクトも展開していきたいです。アパレルと同様、循環型社会につながるとも思います。

大いに失敗する！

僕はシャワーを浴びているときが最もアイデアが生まれます。ダイビングなどが影響している気がしますが（笑）。一日の反省も同時にしていますが、お風呂から出て頭を拭いているときには考えが整理されていたりします。

また人と会話をすることで、いろいろな世界を共有できます。皆、育ってきた環境などが異なりますから、交流することで何かしらの化学反応が発生します。まだ見ぬ考え方や発想、アイデアのオリジンも得ることがあるでしょう。そのアイデアを用いて常にゼロから何かをやってみるのが大切です。

令和の今、学歴社会から能力社会へ転換しようとしています。実際、１万円札紙幣が福沢諭吉から渋沢栄一に変わりました。「学問のすすめ」の福沢から「資本主義の父」である渋沢へ。僕には、国がこれからの時代は稼ぐ力も重要だぞ！と言っているように聞こえました。

ゼロから稼ぐ力を身につけ生き残る。この力ばかりは社員をやっていても全く培われません。なのでうちの社員たちは全員、何かしらの副業をしています。むしろ僕が斡旋奨励しているくらいです。

高みを目指す時に、周りから言動の理解を得られず罵られることも多くあります、しかし、一度ビジョンに集中すると、そういった声は聞こえなくなります、それは目指している人の周りには目指している人が集まるからです！　何かを目指している人は同志を馬鹿にしたりしないものです。

その中で何度失敗しても、それは成長の糧になります。エジソンでさえ1万回失敗したと言います。やめてしまうと失敗ですが、うまくいくまで続ければそれは失敗ではなく成功するための経験に変わります！　継続は難しいことですが、最後には笑って失敗を振り返ることもできると思います。大いに失敗してください！

The Vision 2024

社会で輝けるヒーローを創出する 希望の光であり続けたい

杜宙樹《もりひろき》

一般財団法人 DARC 大きな和 代表

PROFILE

杜宙樹

本名森廣樹。兵庫県西宮市出身。社会事業家。三社六事業経営者。プロコーチ、カウンセラー、コンサルタント。2005年依存症回復支援施設ダルクの回復プログラムに参加、2007年沖縄ダルクのスタッフとして赴任、施設長となる. 2013年沖縄ダルクを社団法人化し理事長に就任。2019年BIGHUGおきなわ株式会社創業、社長就任。2021年一般財団法人DARC大きな和設立、代表理事就任。絆愛こころクリニック理事長、GranAmor合同会社代表社員、ダルク女性ハウスアモール共同代表を兼任。2022年一社）沖縄ダルクを退任。

INFORMATION

一般財団法人 DARC 大きな和
〒906-0002
沖縄県宮古島市平良狩俣 3979-4
https://www.darc-foundatuion.com

沖縄で依存症者の回復支援を行う

私は沖縄で、様々な活動に携わっています。まず、一般財団法人ＤＡＲＣ大きな和では、絆愛こころクリニックを開設、精神科心療内科クリニックとデイケアを運営し、New Revival Academyを宮古島で開設して障がい福祉サービス事業の就労支援を行っています。その他にＢＩＧ ＨＵＧおきなわ株式会社（軽度精神障害の方のためのグループホーム、精神特化の訪問看護ステーション）、合同会社 Gran Amor（生きづらさを抱える女性と性的マイノリティの方々のための生活訓練、相談支援、グループホームの運営）という会社を経営しています。

ＤＡＲＣ大きな和は２０２１年3月に設立されました。私はもともと沖縄ダルクという組織で代表として15年ほど、様々な依存症の方々の回復支援を行っていましたが、２０２２年2月に沖縄ダルクの代表を退任し、今は若手に後任を譲りました。

現在、ダルクは全国で約80ヶ所あります。その創設者である恩師の近藤恒夫さんは4年前にがんで亡くなられました。近藤さん自身も依存症からの回復者です。その晩年に「私の使命はおよそ成し遂げた。依存症からの回復実績の評価も国からもいただいている。ただ、やり残したことがある。依存症からの回復者の出口（就労、社会復帰）支援だ」とおっしゃいました。

近藤さんのイメージとしては依存症者のための大学のような学校設立のようでした、私たちは日本全国いろいろな場所を回り適した地を探しました。そんなある日、カトリック教会から「宮古島に古い修道館があるので、そこを社会貢献のために再利用しませんか」と、ご連絡をいただきました。視察に伺うと、驚いたことに1万9000坪にも及ぶ大変な規模で、島全体からも、この施設全体からも強い癒しのエネルギーと高い波動を感じました。

そして、視察を終えて休憩しているとき、近藤さんの頭上に3匹の大きな珍しい色の蝶がひらひらと舞い始めたのです。「ほら、祝福してくれているよ」と、近藤さんは漏らし「ここを新しい形のリトリートの回復支援施設にしよう」と目を輝かせました。

私たちが言う〝回復〟とは薬物やアルコール、ギャンブルのやめ方や我慢の仕方を覚えることではなく、生き方、在り方そのものを変えていくということです。WHO（世界保健機関）が提唱する〝健康〟とは「肉体的、精神的、社会的」そして「霊的」に満たされた状態と定義されています。依存症者は霊的な病にかかっているという認識を持ち、スピリチュアルかつ人間としての回復を目指しています。

当財団法人は私と今は亡き近藤さん、そして近藤さんの活動に感銘を受けた元徳洲会最高顧問の高野良裕先生により設立いたしました、現在はEM（有用微生物群）研究で著名な琉球大学名誉教授の比嘉照夫先生にも顧問を務めていただいています。

酒と薬物依存、帰国後に一筋の光

私は早いうちに結婚し、お金を稼ぐために深夜のトラック運転手など肉体労働をしていました。ところが、長らく折り合いが悪く和解しかけていた父が、1985年に起きた日航機墜落事故で亡くなってしまいました。

私は父の突然の死に、怒り、悲しみ、後悔、様々なマイナスの感情を抱き、自分の人生を恨みました。それらから逃れる手取り早い方法が酒と薬物でした。そんなあるとき、父が勤めていた会社の社長から「父のやり残した仕事をやらないか」と声をかけていただいたので、父への恩返しの気持ちもあり、二つ返事で入社しました。

私は昔から人の顔色が気になる性格で、自分がうまく表現できませんでした。中途採用で入社し周囲からどういうふうに見られているかが気になり、人の3倍も4倍も働いて成果を出さないといけないとプレッシャーを感じてもいたのです。それでも成果を上げたインセンティブにより渡米し、のちにロサンゼルスの米企業に日系企業担当として就職しました。しかし、言葉や仕事の壁、酒やゴルフの接待といった多忙さにより、円形脱毛症を患うほどストレスを抱え、再び酒と薬物にはまるようになっていくのです。仕事ができないほどの状態になり家族との生活もうまくいかず、37歳の時、家族をアメリカに残し、ひとり日本に逃げ帰りましたが、その後も人生の立て直しはうまくいきませんでした。うつ病、パニック症候群、薬物依存に苦しみ、仕事や家庭、財産、信用も失いました。

何もかもを失い、これからどうしたらいいのか、生きる勇気も死ぬ勇気もない。そんなとき、依存症からの回復者である当時の茨城ダルクの代表に出会いました。その方は依存症は「病気」だとおっしゃいましたので「病気だったら治るかもしれない」と思い、ようやく一筋の光が見えた瞬間でした。茨城ダルクで1年間の回復プログラムを経て、当時の沖縄ダルクにスタッフとして派遣されたのち、冒頭の経緯につながっていきます。私はこの仕事が自分の天命だと感じました。

ありのままの自分でいられる

沖縄ダルクは全国で7番目にできた組織、私はここを一番にしたいという気持ちがあり、全国のダルクの中では初めて社団法人化しました。当時沖縄ダルクは男性用施設でしたが、全国的に不足している女性用施設を始め、さらにはマイノリティの方々の支援も行い、順調に利用者や施設も増えていきました。

私が沖縄ダルクに赴いた頃は、沖縄現地の入寮者はいませんでした。地元だと飲み仲間や遊び仲間などが近くにいて誘惑が多く、回復が難しい状況があったため、いわゆる転地療法という形で、沖縄の方は県外に繋いでいました。

一方、行政からは活動の意義を認めてくれるものの「沖縄の人たちを助けてほしい」との要望をいただいていました。実際、県外から施設を利用しても逃げ出してしまう方がいるという問題もあり、行政のお声はごもっともだと思いました。そのため、沖縄のアルコール依存症の方の受け入れを始めましたが、やはり最初はうまくいきませんでした。しかし、ある一人の青年のケースを機に好転しました。

彼は県内の精神病院を出たり入ったりしていて、ある意味有名人でした。彼は身内で同様の例もあって、「何をやってもダメだ！　酒をやめられるわけがない。どうせ酒で死んでしまう命だ」と思い込んでいました。そんなとき、ある病院の看護師さんが「ダルクというところがあるから最後に試しで行ってみたら」と言ってくださったそうです。半信半疑で彼はダルクにやってきて、プログラムをこなしていき、半年経つと「あのどうにもならないアル中がダルクでお酒をやめているらしいぞ」と周囲がざわつきました。1年経ったとき、私たちは〝バースデー〟というお祝いをするのですが、彼が体験談を話そうとすると、皆が聞き耳を立てました。彼はひと言、「なぜ酒がやめれているのかはわからない」とこぼし「ただここにいると飲まずに済んだんです」と少し顔を上に向け付け加えました。

私の体験上言えるのは、ダルクにいると、ありのままの自分でいられどんな自分でも仲間は受け入れてくれるのです。世間では恥ずかしい経験でも、ここだと皆似たような経験をしているので何でも話せるし「ダメだよ！」ではなく「わかるよ！」と言ってもらえる。互いの痛みを分かち合えるのです。ここでなら、どんな自分も受け止めてもらえるので、徐々にピュアな魂を取り戻していきます。

それからは彼の回復の噂の広がりもあって、次第に地元の人の利用が増えていきました。与えてもらった回復を次の人へ与えていく、「彼のようになりたい」という回復のバトンリレーの連鎖、これがダルクの特徴です。

社会的弱者が人間的強者に

回復支援を続け福祉を学んでいく中で、依存症以外でも多くの生きづらさを抱える様々な人たちと出会います。これからはさらに範囲を広げ、社会的マイノリティといわれる人、障害者、貧困、若年母子、ＬＧＢＴＱ、ＤＶ被害者、刑務所出所者、引きこもりの人などに向けて、私たち回復者がスタッフとして新たな支援を行っていきたいと考えています。

詳しくは後述しますが、生きづらさを抱える人たちのための専門学校の設立、特に居場所の少ない女性や母子の支援施設、自立支援施設、働く場所としての事業を創出していく構想があります。

私たちのビジョンでもある「社会的弱者が人間的強者に」を掲げた事業展開を進めていきます。

つらいことや苦しいことを経験した人こそ、それに意味を見出し他者の痛みを感じることができ、あるいはそこから学び、役に立つ生き方ができると考えています。その人たちが活躍し、日本のため、世界平和のため、地球のために貢献する社会を創り続けること、排除や孤立のないありのままの自分の居場所を創り続けることを、今の事業を通して私たちが叶えたいことです。

依存症当事者として回復をしながら他者の支援を長らく続けていると、依存症にかかり生き抜いてきた人たちの生きる力強さ、エンパワーメントはすごいものがあると気づかされます。そのエンパワーを見出し、さらには磨いて社会で活躍する有用な一員へと導いていくことが私たちのビジョンでもあり、このようなビジョンを抱くことは、自らの限界突破（ブレイクスルー）にも寄与すると考えています。

元女性修道館という天命 女性支援へのシフト

New Revival Academyには、「就労継続支援B型」「自立準備ホーム」という2つの役割があり、元来は全国のダルクで回復した方たちが、職業訓練を受けスキルを身につけ社会に飛び立つことを構想していた施設です。しかし、なかなか横の連携が進まず方針展開を図らなければならない中で、依存症や生きづらさを抱えている女性やマイノリティの方に特化した施設としての役割へとシフトしていき始めています。

先ほど触れたように日本全国に女性用施設が少ない状況で、ダルク全体でも1割ほど、女性刑務所などでも同様の割合ですが、潜在的かつ顕在的な依存症者数は男性とほぼ同数と言われています。なぜこのような状況なのかと言えば、女性の回復者が少ないため、女性の責任者が育たないからです。実際、専門家の方たちのご意見を伺うと、女性刑務所から出所した女性たちの多くは働く場所がないため、以前の悪い環境に戻ってしまうのが現状です。

社会的にも女性の活躍が欠かせなくなっているのは周知の事実ですから、もっと女性が輝く社会でないとなりません。冒頭で触れましたように、New Revival Academyはもともと修道女の施設でしたから、そういった女性のエネルギーに満ち溢れた場所です。そのエネルギーを活かしつつ、より女性への支援を増やそうと考えているところです。おかげさまで、そのような施設のために協力したいと申し出てくださる方々も増えています。

女性特有の問題として、お子さんがいる方はどうしても分断された生活を送ることになってしまい、母親にとっても子どもにとってもいい影響はありません。そのため、New Revival Academy に親子で生活してもらい、日中、子どもたちは近隣の学校へ通い、週末は共に暮らすという仕組みづくりも行っていく構想があります。こういう施設に成長していければ、様々な問題に苦しむ女性の一助になるのではないかと考えています。

過酷な状況を生き抜いてきたサバイバーの女性たちもエンパワーメントが大変強いですから、彼女たちの真の力を見出し、それをみんなで磨き、輝かせる。一つの雇用ということにこだわらず、彼女たちの能力を活かした事業を創出し、自分たちで稼ぐことができる道筋を作っていければ、医療・福祉のみならず様々な業種を組み込んだコングロマリットへと発展していけると思っています。それによって、回復した女性は適材適所で働けますし、グループ内で人材の循環も図れるのではないかと期待しています。

ひとりでも多くの回復者が輝ける社会を

依存症の予防は難しいテーマのため、教育機関への講演では薬物などの恐ろしさを喧伝しますが、現実問題としては誰もがなりうる状況といえるでしょう。それだけ薬物などが身近であるということ

とですが、何よりも興味本位で手を出さないことです。

多くの人は悩みを持って生きており、１人で抱え込む方もいると思います。どんなことでも話せる相手、理解してくれる仲間を見つけることも予防につながるのかもしれません。反対にいうと、周りの友人が悩んでいそうならば、「何か悩んでいるなら話を聞くよ」と声をかけてあげてほしい。そして打ち明けてくれたら、自分だけで解決しようとするのではなく、病気であると理解することが大切です。コロナの例を見てもわかるように、愛情や友情では解決できないこともあるので、病気であれば適切な治療を受けることです。

冒頭で挙げた「絆愛こころクリニック」にしても、当事者、回復者が運営をし、医師がサポートするという日本で初めてのスタイルで、心地よく通いやすい環境で、医療従事者は白衣などを着ていませんし、髪色も明るかったり威圧感を与えないようにしています。妙な言い方ですが、様々な悩みを抱えている方、社会的マイノリティによって苦しんでいる方は、本当に〝お気軽に〟相談してほしい。

どの命も輝く存在で、生きることを楽しむために生まれてきたと強く思っています。皆さんの命は、唯一無二のものなのです。ありのままでいい、ということを声を大にして伝えたい。一人でも多くの回復者がヒーローとして社会に戻ってきて輝いてほしい。依存症に限らず、生きにくさを感じているマイノリティの方は多くいますが、「社会的弱者」という言葉がなくなり、そういう方々を支援する必要のない、ダルク自体がなくなるような社会になることを願っています。

The Vision 2024

世界に視野を向ける 資産と幸福の最大化をサポート

YUJI《ゆうじ》（水谷侑二）

NOMAD LAND FZCO 代表取締役

PROFILE

YUJI（水谷侑二）

滋賀県の高校を首席で卒業後、京都大学工学部電気電子工学科に進学。京都大学大学院情報学研究科へと進学し、5G に関する研究を 2 年間行う。大学院では、ラスベガスやモントリオール、チェンライでの研究発表も経験。5G 関連の特許を取得し、成績優秀者として日本奨学金機構の奨学金返済は免除。大学卒業後は、新卒で NTT ドコモに就職し、その後インフルエンサーマーケティングを行うベンチャー企業に Web エンジニアとして転職。その後、起業して 2 年後には売上 2 億円超を達成し、SNS の総フォロワー数は 7 万人超。現在はタイのバンコク在住。

INFORMATION
NOMAD LAND FZCO
Dubai Silicon Oasis, DDP,
Building A1, Dubai,
United Arab Emirates
https://nomad-land.biz/

格安で最高級の海外情報と人脈にアクセスできる海外移住コミュニティ

私は現在3つの事業を行っています。事業の1つ目は海外移住コミュニティです。今後、日本での経済状況や環境が悪化するにつれて、間違いなく海外に移住する人や、海外に興味を持つ人が増えてきます。しかし、海外に進出したり、海外を活用するためには法人設立や留学、不動産など、金額が大きいケースが多いので、情報と人脈が非常に重要になってきます。そのような方に、私も含めて、海外在住の方や海外移住を目指す方が多く在籍するコミュニティで、在住者や富裕層にしか知らない貴重な情報や人脈をシェアしています。また、本コミュニティでは、国内外で活躍できるサイドワーカーやフリーランス、起業家の育成も同時に行っています。

2つ目は、マーケティングのコンサルティングを行っています。個人・企業問わず、売り上げを伸ばしたい、SNSをうまく活用したいといったニーズに対応しています。

3つ目は海外移住のサポートやアドバイザリーです。アッパー層の方を中心に節税対策したいという声もあったり、海外で挑戦してみたいという声もあり、海外での起業の仕方や最適な移住スキーム、節税も含めた資産保全などをお伝えしております。現在では、タイやマレーシアなどの東南アジアやドバイを含むUAEについて詳しいので、移住や起業、海外留学に関してお困りごとがありましたら、お気軽にお問い合わせください。

NTTドコモに就職も、思い立って1年で退職

滋賀県の県立高校に通っていた際、偏差値が60前後のそれほどレベルの高い学校ではなかったのですが、準備を重ねて最初の試験でトップになれたことで私の自己肯定感が一気に高まりました。その後も勉強を続けて、高校3年間成績1位を取り続けることができました。

高校生の現役時代は、大学進学は医学部を狙っていました。ただ、特に医者になりたいからではなく、親が喜びそうだからというぼんやりした理由からでした。当時のセンター試験が終わり二次試験の準備をしている時、少しずつこのまま進学していいのだろうかという疑問が湧いてきました。

その迷いのまま受験会場に行きましたが、昼休憩の時に校内を歩いているうちに、「ここで6年間も興味のない医学の勉強をするのか」と、今さらながら迷いはますます募り、2科目受験しただけで帰ってしまったので、当然、浪人生活が決定しました。

浪人してからの受験では京都大学工学部に合格しました。特にやりたいことを見つけられていなかったので、就職率がいいという理由だけで電気電子工学科に進学しました。学部卒業後はそのまま京都大学の大学院へと進み、5Gの研究を行い、教授と共著で特許も取得しました。

大学院に在籍していた当時でもまだ、明確にやりたいことはありませんでした。世間一般の多くの人が考えているように、いい企業に勤めたり、官僚になったりする道が〝勝ち組〟だと考えている程度です。今思えば、お恥ずかしいくらい思考停止していましたね。

就職活動時期では、高給取りの企業に就職することこそ正義だと考えていたので、大学からの推

薦が多く用意されている国内のキャリアやメーカーではなく、テレビ局や外資系のコンサルティングファームなどのインターンに積極的に参加していました。当時、外資系ファームの内定をいただいていましたが、かなり忙しいと聞いていましたので、健康とプライベートを犠牲にしながら高収入を得るよりも、身体的にも精神的にもゆとりがあるホワイトな企業に入り副業をした方が効率が良いと判断して、結果的に大学院での学びも活かせるＮＴＴドコモに就職しました。

入社前の3月に、とあるユーチューバーの方の動画を観ました。考えられないかもしれませんが、昔から勉強や研究ばかりに取り組んでいたので、２０１９年の3月になって初めてYouTubeをインストールして動画を視聴し始めました。そこから、私が知らなかった新しい情報が一気に流れ込んできて、これまでの常識が破壊され始めました。その方は東南アジアに住んでいて、パソコン１つでとてつもない高収入を得ていました。こういう働き方もあるのかと、初めて社会のレール以外の道が見えてきました。その時に、ＮＴＴドコモには1年間だけ在籍したら辞めようと決めました。この1年は準備期間だと。その1年間で、ＳＮＳやプログラミングの勉強をして、会社以外の収入源を作り、予定通り1年で退職しました。

その後は、当時流行していたプログラミングについてもっと学ぼうと思い、Ｗｅｂ系エンジニアとしてベンチャー企業に転職して、しばらく現場でプログラミングを学びました。ベンチャー企業を辞めた後は、クライアントワークでＷｅｂ制作をしながら、Ｗｅｂ制作で副収入を作りたいと思っている方に対して、ＳＮＳやnoteで情報発信をしたり、コンサルティングをすることも始めました。そこからさらにプログラミング関連の教材だけでなく、フリーランスやサイドワーカーに必要な、マネーリテラシーやマーケティング、ＳＮＳ運用、資産運用、海外移住などコンテンツをどんどん拡充していき、現在の事業へと発展することになります。

トリプルインカムを実現する働き方

昨今、国内外関係なく、どこでもいつでも働きたいという独立志向の方がいます。かたや本業をしながら、サイドワーカーとして今の給料の10万、20万円プラスの収入がほしいという方もいます。弊社サービスをご利用の方の割合だと五分五分くらいですね。

私は画一的なノウハウを提供しているのではなく、各個人にカスタマイズしたサポートを行っています。これは私のサービスの特徴とも言えます。例えば、社会的に信用の高い企業にお勤めの方がいたとします。そういう方は会社をお辞めにならない方がいいと考えています。なぜなら、安定収入があることは、副業をする上での大きな精神的支柱になるということもありますし、社会的信用が高いゆえに銀行融資がおりやすく、不動産や個人M&Aなど資産の拡張が容易にできたりするからです。日本国内に住んでいると気づきにくいのですが、日本の銀行の金利は安いですし、これを活かさない手はありません。

社会的信用の高い企業にお勤めの方は、企業勤めをしつつ、不動産投資や個人M&Aにチャレンジし、さらにサイドワーカーとしても収入を上げていく。トリプルインカムを実現した方が効率がいいです。このような属性の方に「独立しましょう！」と単純なアドバイスをするのは、資産形成の観点から明らかに間違っています。お客様が間違った方向へ進まないよう、直接お話しできる場を多く設けながら、その方にカスタマイズした資産形成の方針をご提案をさせていただいています。自分が持っている知識などを提供して、お客様が喜んでくれることが今の生きがいになっていますね。

どのレールに乗っているかの意識が大事

今は集客がしやすくなった時代です。かつては看板を出したり、テレビやラジオ、新聞などお金のかかるメディアに広告を出すしか手段がなかったのですが、いずれもハードルが高いものでした。でも現在は、SNSで無料でプロモーションができるようになっています。TikTokやInstagram、YouTubeなど誰でも利用でき、ファンを作ることも可能です。テレビよりも大きな影響を持つことだってできます。

Web制作やアプリ開発などプロダクトにおいても、Adaloやbubble、shopifyなどで高度なものが誰でも簡単に作れるようになりました。プロモーションもGoogle広告やMeta広告など少額から始めることができて、なんでも民主化されてきています。

これらの恩恵を活かすことで人生の選択肢を増やす。それがオンラインを利用したノマドの働き方の魅力だと思います。収益化の多様化に合わせて、ライフスタイルもかなり自由になってきました。法人を立てる場所、個人の住む場所は国内に限る必要はありません。国境を越えて自由に設計可能です。

社会のレールに乗ることは、何も悪いことではありません。様々な選択肢がある中で、自分にとって最適だと判断して、「社会のレールに乗っている」のなら全く問題はありません。大きく資産を増やす上で、必ずしも独立して起業するのが正解ではないので。しかし、他の選択肢の存在を知らない状態で、思考停止のまま社会のレールを歩いているのなら問題だと思います。いろいろなレールを知ったうえで、あえてそのレールに乗っているのだという意識を持つことです。

海外生活によって、真に日本を知ることができる

物価や税金の安さをはじめ、日本食の充実度、住居のコスパ、地政学リスクなどあらゆることを考慮すると、東南アジアは多くの日本人の方が住みやすいと思います。私は今はクアラルンプールやバンコクなど東南アジアに住んでいますが、広いラウンジやジム、プールがあったりと設備が充実しており、住居だけでもとにかく快適です。都内のタワマンよりも設備や部屋が充実しているにもかかわらず、都内のタワマンと比べると1／3から1／2くらいの金額で賃貸や購入が可能です。

日本国内だけで人生を終える方はとても多いと思います。世界に196ヶ国があるうち、1ヶ国だけしか知らない状態というのは、大きな機会損失している可能性が高いです。例えば、高齢者になってから「バンコクはとても暮らしやすい都市」と知っても、もう時すでに遅しでしょう。

テスト移住でもいいので1、2年住んでみる。短期間だとビザは簡単に取れます。向いていたらそのまま住み続ければいいし、そうでないなら日本に帰国すればいい。1回海外生活を経験することで、人生の選択肢が圧倒的に広がりますし、海外を知ることで初めて日本を真に理解することができます。物事は〝比較対象〟を持つことで初めて深く理解ができるものですから。日本しか知らない人は、たとえ日本で30年、40年と暮らしていようとも、日本のことを理解できていないと思っています。

ビジョンは「地球規模に視野を拡張しながら、個人で『資産』と『幸福』を最大化すること」です。日本は世界の多くの国の中の1つという捉え方をしています。1つの国ですべてを最適化するのは無理な話です。

いろいろな役割に応じて、国を使い分ける。例えば、私は桜や紅葉、雪化粧のように季節を感じたいと思ったり、昔ながらの家族や友人とゆっくり過ごしたいと思ったら、余暇を過ごすために日本に帰ります。節税をしたいというならドバイなどの税制優遇がある国に法人を設立すればいい。資産運用は、アメリカの株で行うなど。各国の特徴を知ったうえで、各国の使い所を最適化し、資産と幸福を最大化することが最も人生で賢い選択だと思っています。

ライフスタイルの自由化と今後の海外移住の動向

ＳＮＳが普及し、２０１５年から２０２４年の現在に至るまでに、様々なことが民主化され、個人の働き方はかなり自由化されました。おそらく次の10年では、住む場所や働く場所の選択肢が広がり、国内の地方移住や海外移住など、さらにライフスタイルの自由化が進んでいくと思います。

今日本国内に住んでいる人は、もしかしたら「海外に移住する」という選択肢を全く考えていないかもしれません。しかし、今後の10年間で必ず一度は、海外移住が頭によぎる時がきます。それは、日本を襲う大きな自然災害もそうですし、負担が大きくなる税金や社会保険料が重くのしかかってくるからです。他には、台湾有事をはじめとした、地政学的なリスクも無視できません。知り合いの起業家の中には、自身や家族の身の安全を確保するために海外移住をしたという方も大勢いらっしゃいます。様々な観点から、私は海外移住は「命」と「資産」と「幸福」を防衛する最も優れた手段だと考えています。この流れを察知して、近年海外移住する人が増加していますが、この流れは加速度的に大きくなっていくと予想しています。

スキルを磨くより、まずはベースを作る

今後、個人は頭の良さやスキルよりも、効率的に資産形成ができる環境を作る力やそれを実行する力が求められていくと思います。例えば、エンジニアとしてスキルが高い人は、エンジニアとしてスキルを高めたり、何か別のスキルを獲得するよりも、単純にアメリカなど海外に目を向けるだけで、受注単価は跳ね上がります。海外の居住者になれば、さらに手元にお金が残るでしょう。これは新たなスキル獲得というよりは、「世界にまで視野を広げて賢く資産形成ができるかどうか」ということだけです。

ＡＩ関連のスキルやプラットフォームも流行っており、そのような新たなスキルを獲得するのも大事ですが、それ以上に、「世界にまで視野を広げて賢く資産形成する」ことを意識した方がイージーだったりします。最後に強調しますが、いろいろな選択肢を持つことでビジョンを描くことができます。これからの日本には様々な出来事が起こると言われています。早めに意識を拡張しておけば、スムーズに対応できるようになることでしょう。

あとがき　謝辞にかえて

このたびは、本書を最後までお読みくださり、誠にありがとうございました。

本書は、21企業・団体の代表者の皆様に「ビジョン」をテーマにお話しを伺い、共に書き上げていく共著型プロジェクトの一環として刊行されました。

このプロジェクトの着想は2023年夏頃、どのようなコンセプトで出版するかの企画会議から始まりました。2020年から始まったコロナ騒動により、社会を混乱に招くさまざまな事態が引き起こされました。そんな状況でも成長する企業があるのはなぜなのか。私たち編集部は、トップの想いの強さやビジョンに要因があるのではないかと定義いたしました。

「時代を超えて成長する企業には確固たるビジョンが存在する」という本書の副題の通り、VUCA時代と言われる今、コロナ禍という未曾有の危機を乗り越え、新たな事業に挑戦する精神、ビジョンを実現化させようとする志をもったトップの方々のインタビューをする中で、改めてこのテーマがこれからの時代に必要なものであると、深い感銘を受けました。

本書で取り上げさせていただいた全ての代表者の皆様には、この場を借りて改めて感謝申し上げます。また、本書刊行におきまして、ご協力を賜りました関係者の皆様にも御礼申し上げます。
今回ご紹介させていただいたトップの方々のビジョンが、本書を手に取ってくださった読者の皆様方のこれからの未来を明るく照らし出し、また本書が勇気や元気を与える1冊になれば光栄です。

2024年4月10日

The Vision 編集部一同

著者プロフィール

The Vision編集部
全国の様々な成長企業のリサーチを行い、ブランディング・コンサルティング事業に取り組んでいる。

The Vision 2024

時代を超えて成長する企業には
確固たるビジョンが存在する

2024年5月20日　初版発行

著者：The Vision編集部

発行人：山本和之
発行所：合同会社パブリック・ブレイン
〒179-0076　東京都練馬区土支田3-10-2
tel.042-306-7381

発売：星雲社（共同出版社・流通責任出版社）
〒112-0005　東京都文京区水道1-3-30

印刷：モリモト印刷

ISBN978-4-434-33830-4 C0034

部下に惚れろ！

小さな会社の経営者こそ、
経営書を捨てていい

「人経営」コンサルタント
小林大地

みらい
PUBLISHING

はじめに

〝貢献感〟というトラップにかかっていませんか？
「従業員とお客様（地域・社会）のために」と語る上司ほど逆をいく

まずこの本を読み進めていただくにあたり、みなさんにお願いがあります。

これまでに読んだ経営書・自己啓発本の内容を、一度すべて頭の中から捨ててください。

何故なら、これからお伝えする内容は、これまで正解とされてきた経営者としての在り方や考え方、経営手法とは一線を画すものであるからです。

現在は、働き手が足りておらず、終身雇用もなくなり、働き方そのものが変わってきました。これまでの高度経済成長期に正解とされてきた経営手法が、通用しなくなってきたのを感じています。そんな時代の流れにある今は、さまざまな経営手法が出てきている、まさに「多様性の時代」。理念を浸透させてチーム一丸となり業績を伸ばしている企業もあれば、そもそも売上を追わずに必要な利益だけを確保して、限られたお客様に向き合いながら質の高いサービス提供をしている企業も存在します。つまり、生き方も働き方も多様になっている今の時代に、「これが正しい」といった経営手法はないといっても過言ではありません。

時代が急激に変化していく中で、会社の成長のみならず、社会に貢献することが企業としての使命であると考え、「従業員とお客様（地域・社会）のために」と唱える経営者が増えてきました。しかし、それを強く語る経営者ほど、その思いが強いがゆえに、自分にも他人にも厳しくなってしまい、結果にコミットした成長戦略にとらわれていく…。規模を大きくしていくことで、結果にこだわり過ぎて力が入り、ワンマンなトップダウン経営に陥りがちです。それはまるで独裁政治のような、**支配統合型企業経営**といってもいいでしょう。

支配統合型企業経営の特徴は、「従業員とお客様（地域・社会）のために」といった思いを乗せた経営理念を掲げることで、「従業員は、経営者のいうことがすべて正しい」というイエスマンで固められ、能力が高く、成果をあげる人だけが評価されていきます。あなたのまわりにも、超ワンマンで、経営者の考え方に異論がある人間を降格させたり、数字を出せない人間を自主退職に追い込んだりするような経営者がいませんか？　まさに、そのような人こそ、支配統合型企業経営をする経営者の典型です。

高度経済成長期から正解とされてきた、「企業は理念浸透が大切」「企業は売上を伸ばし続けなければならない」という呪縛にとらわれ、お客様と従業員の幸せを思いながら事業を大きくしてきたにも関わらず、それはいつしか従業員を苦しめることになり…。結果的に、長年働き、まるで家族のように大切に思っていた従業員が、会社を去っていくというのを、よく耳にします。

もし、あなたが「従業員とお客様（地域・社会）のために」と願っているのに、何故か結果は逆の方向にいってしまうと悩んでいる経営者であれば、その理由を考えてみてください。実は、その理由は簡単で、**経営者が従業員の幸せを思うからこそ利益追求に走り、そのお客様の幸せのためにと、従業員を自社事業のレールの上に置いているから**

に他なりません。人それぞれ個性や持っている能力が異なるにも関わらず、事業に最適化するように従業員をはめ込もうとするわけですから、職業や立場の適性が合わない人からすれば、それはもう地獄です。そうなると、雪だるまのように会社が大きくなり、人がどんどん辞めていき、会社がまわらなくなってしまうのです。これは、まさに僕自身が経営者として経験したことであり、そうした苦悩の連続でした。

しかし、そんな苦悩の連続を経て、僕は一つの結論に辿り着きました。

それは、従業員のことを本当に思うなら、**「上司が部下に惚れる」**こと。

上司が、「部下に惚れてもらう」というのはよく耳にしますが、僕自身の経験からいうと、その逆。「上司が部下に惚れる」とは、部下と**ギバーの関係性を築く**ということです。ギバーの関係性については、以前出版した**【あなたの仕事・人生を好転させる「ファン」のつくり方】**（あさ出版）でも書いていますが、わかりやすく表現すると、**上司が部下のことを誰よりも愛し、誰よりも深く知るということ。**部下の性格や能力、特技や趣味・嗜好、向き不向きだけでなく、社交性や感受性、世界観や譲れない価値観といった特性を、部下本人よりも知ることです。

そうはいっても、「それだけたくさんのことを知るのは無理だ！」と、いわれてしまうかもしれませんが、すべてを知らないといけないわけではなく、知ろうと努力をすることに非常に大きな意味があるのです。

上司が部下に惚れることで、従業員が変わり、事業が面白いように上手くいく。

これこそが、僕のようなスモールビジネスの経営者に必要な考え方だと確信しています。そして、この「上司が部下に惚れる」という基本さえあれば、**どんな経営メソッドが流行しようとも、景気に左右されることなく、貢献感あふれる経営が実現できるはずなのです。**

本書では、**僕自身が気づき、実践しながら積み重ねてきた、僕なりの経営メソッドを、僕自身の経験もふまえて余すことなくお伝えしていきます。**

部下育成やマネジメントで悩まれている経営者の方、上司的立場にある方にとって、少しでも参考になれば幸いです。

第2章 部下と向き合う、経営者・上司の心得

第4章 貢献感を持っていきいきと働ける〝環境づくり〟

第5章 売上よりも可能性。「事業」ではなく「人」に〝投資〟せよ！

第6章 人対人の相乗効果から生まれた「人経営」

第1章

小さな組織で戦う上司が陥りやすい"傲慢病"

●上司が陥る傲慢病
～自分が一番偉いと思い込んでしまう怖さ～

部下との関係を構築する前に、まずは経営者・上司のみなさん自身が、**傲慢病**《ごうまんびょう》にかかっていないかを確認することが大事です。

一つの組織をチームとして動かしていくために、リーダーが物事を決めてどんどん進めていくことは、当然のことです。しかし、組織をまとめようとすればするほど、必ず**その発言や行動に見えない圧力のようなものが生まれます。**

特に、上司が成果を上げている職場ほど、「上司の考え方がすべて正しい」となりやすく、その影響力は強大になります。そうなると、どんなに自分なりに思うことがあっても部下は萎縮してしまい、上司の考えていることに対して、何もいえなくなります。

上司は、部下が自分のいうことを聞いてくれるだけでなく、他人から叱られることもありません。それに、部下のおかげで成果が出た事業であっても、評価される対象になりがちなのは、その上司です。表面上ではまわりに感謝をしているようでも、周囲から評価されていると、知らず知らずのうちに、「自分は正しい」「自分が一番偉い」と思い込んでしまう怖さがそこにはあります。これこそが、上司が陥りがちな傲慢病です。

特に、**創業経営者ほど、こうした傲慢病に陥りがち**だと、僕は思っています。ゼロから事業を立ち上げ、チームをつくり、引っ張ることで成果を出すというのは、創業経営者の存在なくして成し得ることはできません。創業経営者がいたから事業が始まり、そこに人が集まってチームとなり、成果を上げることができたというのは紛れもない事実です。しかし、それこそが創業経営者がワンマンになりやすいと思う所以であり、ワンマン経営で上手くいっているうちはいいかもしれませんが、事業で行き詰ったときに誰もついてきてくれなくなります。

人には、何でも上手くいっているときほど、「自分の考え方が正しい」と無意識に思い、傲慢になりやすい傾向があります。特に、人を引っ張っていく立場にある上司ほど、影響力や成果、さらに評価が高まるほど、傲慢病になりやすい怖さがあるのです。

●傲慢病の事例①
「理念」の浸透にこだわり、部下を洗脳していませんか？

「理念」とは、その企業が何よりも大切にしている理想の信念であり、**企業が事業活動をする目的**でもあり、企業経営をしていくうえで欠かせないものです。

理念がなければ、そこに従事する人たちも、何のためにその仕事をするのかわからなくなります。仕事をする目的が異なれば、チームとしての一体感も生まれません。事業を通じて貢献する人たち（お客様）に思いや世界観が伝わり、良い商品やサービスを提供できるよう、企業経営にとって〝理念〟は、非常に重要なものです。しかし、その理念が従業員に浸透せず、苦労されている経営者の方は、非常に多いと思います。

理念が浸透しない原因は、部下ではなく、上司にあります。理念を浸透させようと、自分の思いを押し付けて、知らず知らずのうちに部下を洗脳しようとしてしまう。これ

こそ、傲慢病の症状です。

　僕自身、創業当時はこれといった理念を定めていたわけではなく、ただただ「お客様に喜んでもらいたい」「購入したことを後悔してほしくない」という気持ちで、日々仕事に打ち込んでいました。今思えば、それが理念でもあったのですが、従業員が入社したことによって、それらは「従業員に入社したことを後悔してほしくない」「うちの会社に入って良かったと思ってほしい」という思いに、変化していきました。

　ちょうどその頃、あるご縁から、京セラの創業者である稲盛和夫さんの経営塾に入塾することになりました。稲盛さんの教えは、「心をベースに経営する」というもので、経営者が抱きやすい〝傲慢さ〟や〝欲〟といった弱い心、私心がないかを自身に問い、常に「利他の心」で判断し、経営者自身が自ら**率先垂範**《そっせんすいはん》することで、まわりを巻き込んでいくというものでした。

　僕は、京セラの理念である「全従業員の物心両面の幸福を追求すると同時に、人類、社会の進歩発展に貢献すること。」を参考に、自社の理念を「従業員の物心両面の幸せを追求するとともに、お客様に安心と喜びを提供する」としました。経営の目的である理念を手にしたことで、このときから自分の中での大義名分は、すべて「従業員のため」になりました。

しかし、ここから従業員と僕との間に、溝ができていきます。

僕は、「学びのため」といっては経営塾に出向き、経営者仲間との時間を優先し、お店を従業員に任せるようになりました。従業員と一緒に仕事をする時間は少なくなり、会社に戻ると、従業員の態度もどこかよそよそしいものに…。次第に、僕が会社を留守にしている間、従業員は仕事をサボるようになり、注意をしても、返事はするものの右から左。会話も減り、関係はどんどん悪化する一方…。

「みんなのために学んでいるのに、どうしてわかってもらえないんだろう」

僕は、経営塾に誘ってくれた、経営塾の先輩であり、僕のメンターでもあったT社長に相談しました。すると、「まずは、小林君の理念を従業員に理解してもらい、理念を浸透させることが重要だと思うよ。あとは、リーダーである小林君が率先垂範することが大切だ」と、アドバイスをいただきました。

素直な僕は、すぐにアドバイスを受け入れ、従業員を夜ごはんに誘っては、「お客様に、フロンティア・コバヤシに頼んで良かったと思っていただけるよう頑張ろう！　だからもっともっと努力しないといけないし、完璧を目指すぞ！」と、**自分の思いや理念を熱く語りました。**また、実際に営業にも出向き、たくさんの仕事を取ってきては、自分も現場で従業員とともに汗を流すという、実務においても**率先垂範を心掛けました。**しかし、どれだけ思いを語り、自ら動いても、従業員の僕に対する態度は悪くなるばかりか、ついには「辞めたい」という従業員まで現れました。

そして、いつしか僕の中に、教わってきたことに対する不信感が生まれました。
「T社長のいわれた通り実践したはずなのに、何故伝わらないんだろう」
「経営塾で学んだ理念浸透なんて意味がないんじゃないだろうか」

もちろん、経営塾が悪かったというわけではありません。経営塾で学んだ「理念の浸透。率先垂範が大切」という言葉の表面だけを聞いて、僕が理解したつもりになっていただけなのです。その当時、教えてくださった本当の意味を、僕が理解できていなかっただけだと、思い知ることになりました。

●傲慢病の事例②
「戦略」に振り回されて、部下を型にはめていませんか？

新しい事業を興す際、事業計画を立てて従業員を雇用する、または、既存事業の従業員に任せるというのが、一般的な流れだと思います。

しかし、**事業の「戦略」という型に上司自身が振りまわされて、その型に部下を無理にはめ込もうとしてしまう、これこそ傲慢病の二つ目の症状です。**

事業の戦略を考え、実践しながら改善していくことで、一刻も早く事業を軌道に乗せることが、経営者や上司としての役割です。しかし、**部下が思い通りに動かない、こちらの意図が伝わらないと、戦略どおりに進まないことを部下のせいにして、イライラしてしまっていませんか？**

かくいう僕自身も、起業してから今年（2024年）で16年目になりますが、これまでの中で一番悩まされたのは、やはり従業員という〝人〟に関する問題でした。

以前、僕はジムを経営したいと思い、友人からトレーナーの男性を紹介してもらいました。彼には、「将来は、自分でジム経営をしたい」という思いがあり、ジムを開きたい僕のニーズと合致したことで、うちの会社で資金を出し、彼を従業員として迎え入れてジムをオープンすることにしたのです。

しかし、オープンから2ヶ月が経った頃、当初からのコンセプトである「マンツーマンの貸し切りジム」ではなく、巷によくある賑やかなジムになってしまいました。僕は、彼にコンセプトの変更を要求したものの、それをきっかけに関係がギクシャクし、結局オープンからわずか4ヶ月で、彼は退職することになりました。

ここでいいたいのは、彼が悪いという話ではありません。ここで何よりも問題だったのは、僕が彼の性格や価値観を理解せず、彼の特性に合わないジムをやるよう求めたことでした。彼のことを深く知らずに、ジムの運営をある程度任せていましたが、そんなことをすれば、彼自身の良さを生かせず、そのような結果になるのは当然です。

新規事業としてジムをやりたいという僕の思いから、**自分の理想とするジムという型（戦略）に、僕自身が振りまわされ、その型に部下を無理にはめ込もうとしました。**その結果、彼自身の能動性を潰してしまったのです。

●傲慢病の事例③
「売上」によって、部下に仕事内容を押し付けていませんか？

僕が、傲慢病を発症し、理念を浸透させたいと必死になっていたとき、「売上を上げることこそ、従業員の幸せだ」と考えていました。

みんなに仕事でやりがいを感じてもらえるよう、「売上を伸ばして、給与をアップさせよう！」と熱く語っては、**売上を意識するあまり多くの仕事を受注し、その仕事を従業員に押し付けてしまっていたのです。これこそ、傲慢病の三つ目の症状です。**

経営者であれば、たくさんの人に認知してもらうことで事業を伸ばし、成長・発展させていきたいと考えるのは当然です。自己実現に向けて成長していきたいという欲は、人間であれば誰もが持っていると思います。特に、経営者としての立場になると、「前年対比○○％を目指す！」「今年の売上目標は○○円！」と、売上を伸ばすことにばかり意識がいき、数字ばかりを追いかけてしまいがちです。

創業当時、僕はよく「1億円を目指す！」と、従業員に語っていました。何故1億円かといわれると、単純に創業時の売上の10倍であったこと、億単位なら一人前の経営者として認められる気がしたというだけの理由でした。そして、その売上をつくるためには、創業時の仕事のやり方では足りないと考え、僕は **〝選択と集中〟** という経営戦略を取りました。

僕が行った〝選択と集中〟の戦略とは、フロンティア・コバヤシを「プジョー専門店」にすることでした。限られた市場に向けて振り切ったことで、売上は1億円を超え、認知度もどんどん高まっていきました。

当時は、フランス車に乗っている人がまだ少なかったことから、集客せずとも集客できるような状態でした。売上を伸ばしたい気持ちが強かった僕は、「次は、10億円を目指すぞ！」と豪語し、営業マンとして仕事をどんどん受注してきては、「早くやってくれ！」と従業員を急かしていました。

しかし、仕事がどんどん増え、仕事が回らなくもなっていきました。仕事を回すためにスタッフを増やそうとしましたが、整備や営業、査定ができる人間は限られているため、いくらスタッフが増えても、即戦力としては使えません。戦力になるためには教育が必要でしたが、当時の僕は深く考えず、教育もすべて現場の従業員に任せていたので、現場はてんてこ舞いでした。従業員たちは、目の前の仕事がどんどん増える中で、新人を教えながら、すべての仕事をやり切らなければいけません。今思えば、無謀なことだったのです。

次第に、従業員は心身ともに疲弊し、部下に対する当たりもキツくなり、そんな上司のキツさに耐えかねて、せっかく入ってくれた人が辞めていくようになりました。

そんな状況にも関わらず、僕は、「売上が伸ばせるのは、それだけ必要とされている証拠。それだけやりがいも感じるだろうし、収入も増やせて、みんなが喜ぶだろう」と信じて疑わず、僕はやり方を変えることなくそのまま突き進んでいきました。

結局のところ、従業員に向かって「目標件数まであと一歩だから頑張ろう」や、「絶対目標達成して、みんなの収入を上げよう！」と経営者が熱く語ったところで、従業員たちからすれば、そこに自分たちの存在意義やミッションを感じられる目的がなければ、シラけるだけなんですね。

まさに、**「従業員のため」という大義名分を掲げ、経営者の自分は売上も伸びていくことで気持ち良くなってしまい、実際には従業員に仕事を押し付けている状態になっていたことに気づけていなかったという、傲慢病だった僕の最悪な事例です。**

●「理念」「戦略」「売上」を捨てても、「人」があれば会社は続く！

ここまで、経営者が陥りがちな傲慢病の症状について、僕自身の失敗事例を交えてお伝えしました。

当時の僕の中では、「従業員の物心両面の幸せを追求する」にある〝物心〟とは、従業員のやりがいとお金を意味していました。お客様のお役に立ち、喜びを感じ、お客様や仲間から必要とされることにやりがいや存在意義を感じるだろう。さらに、お金を多く得ることで、物心ともに幸福になれるだろうと、固く信じていたのです。

しかし、実際には、「従業員にとっての幸せはこういうものだろう」と、経営者である僕が決めつけていただけに過ぎません。ただ、「従業員のためにやっている」「理念を浸透させている」と思いながら、売上を伸ばしていく自分に酔っていたのです。

今だからこそこんな恥ずかしくて情けない失敗談を話せますが、当時の僕のように、

「理念」は浸透させるものであると躍起になり、事業の「戦略」に合うよう従業員をあてがい、「売上」を伸ばすことが従業員の幸せだと考える。そんな経営者の方は、少なくないと思います。たくさんのモノが売れた高度経済成長期の頃は、それで上手くいったかもしれません。

しかし、今は無理に理念や価値観を押し付けると、すぐに辞めるか、反発をされたうえ、パワハラ扱いにさえなる時代です。また、昔のように「右へ倣《なら》え」で仕事をすれば、昇進や成功する時代ではありません。働き手が少なく、人を雇用することさえも難しいのに、自社の理念ややり方を押し付けようとするものなら、人は離れていってしまいます。そして、また求人を出し、ようやく雇用できた人がまた辞めてしまい、またまた人手不足に陥るといった、負のループになるのは明白です。

僕自身、たくさんの失敗を経て、みんなと心が通い合い、従業員一人ひとりが能動的主体者となれるような企業にしたいと思いました。そのためには、どうすればいいのか。

僕が辿り着いた結論は、「理念」を浸透させ、「戦略」という型をつくり、「売上」を上げることも大切ですが、仮にこれらがなくても、「人」によって継続できる企業を目指すことでした。

事業をしていくうえで「理念」や「戦略」は大切ですが、人手に困るこれからの時代は、事業に人を無理にあてがうのではなく、従業員一人ひとりの特性に合った事業を興して展開していく。これができれば、能動的主体となって取り組む従業員が増え、売上も自然に伸びていくと思うのです。

さらに、上司と部下の関係性が構築されれば、理念は自然に伝わります。つまり、**「理念は浸透させるものではなく、浸透するもの」**であることに、気づくことができました。そして、**「従業員の物心両面の幸せ」は、上司が与えるものではなく、従業員が自ら掴み取れるようバックアップすること。**これこそが、企業や上司の役割であることに、僕自身が気づかされたのです。

●正解がない「多様性」の時代に対応できる「人経営」が小さな組織を守る！

僕は、今の時代に「これが正解」という企業経営は存在しないと考えていて、その企業の世界観、価値観によって異なるのが自然とさえ思っています。人が多様であるように、企業も多様であって当然ですから。

そんな正解がない時代に、僕たちのような小さな組織の経営者は、どのような経営をしていけばいいのでしょうか。

僕は、**小さな組織こそ、「人経営」をお勧めします。**

事業を軸にした事業拡大を図ると、その事業に合った人を探さなくてはなりません。仮に、適任者だと思い採用しても、いざ働いてみたら能力が無かった、人間性に問題があったなど、雇用してみないとわからないことがたくさんあると思います。実は、僕自身も、これまで元従業員に横領されたり、お客様と会社に嘘をついてお金を請求されたりした経験があります。人間性や特性がわからないまま責任ある仕事にあてがうと、逆に取引先からの信用を失ってしまうという怖さも実感しました。

また、そうした事態を予防するよう努めていなかったことが、経営者である僕の反省すべきところです。

こんなお話をすると、「だから人を雇うのは嫌なんだ！」と思われる方も、多いと思います。しかし、そんな経験をしてきた僕でも、いや、むしろそんな思いをしてきたからこそ自信を持っていえるのは、**「本当の信頼関係は崩れない」**ということ、**「他者とともに幸せになるしあわせを実感できるのは、従業員や仲間という存在があってこそ」**であるということです。

僕は、事業を軸に企業経営を伸ばすことを、否定しているわけではありません。どのようなやり方でも、その企業の規模と世界観がマッチしていれば良いと思っています。しかし、これまでたくさんの中小零細企業の経営者とお会いしてきましたが、小さな組織の経営者ほど、従業員やお客様との関係を重視されているにも関わらず、理念浸透にこだわり、事業に人をあてがい、売上に振り回され、規模に合わないことをしては、従業員の問題で苦労しておられる方が多いと感じています。以前の僕自身が、まさにそうでした。だからこそ、とても他人事には思えないのです。そうした企業経営者の方、上司の立場にある方にこそ、**人を軸にした「人経営」**を推奨させていただきます。

「人に軸を置いた経営」とは、上司が仲間でもある部下を輝かせるため、そのバックアップに撤することで、いきいきと働ける環境をつくること。さらに、事業の先（お客様）にも貢献でき、ひいては社会貢献に繋がることで、上司自らも生かされるという魅力的な働き方です。

そして、「人経営」は、時代の変化に対して、非常に強いのも特徴です。

変化が激しい時代だからこそ、時代に柔軟に適応できる「人に軸を置いた経営」を行う。これで、僕自身は、人の問題で悩むことが少なくなりました。人をいきいきと生かす企業経営が小さな企業を守り、経営者に「ともに幸せになるしあわせ」という何ものにも代えがたい喜びを寄与してくれるのです。

★自分に酔ってない!?

「勘違い経営者」にならないための小林語録① 【組織編】

□「会社を伸ばすことが従業員の幸せ」って、経営者のエゴであり思い込みやねん。
□経営塾や勉強会で人脈を広げて、成長しているつもりになってへんか？
□必死に「理念の浸透」をさせようとしている時点で、その理念は偽物。
□売上が伸びたことに気持ち良くなるのは、単なる経営者のマスターベーションや。

第2章

部下と向き合う、
経営者・上司の心得

●〝営業力〟の捉え方を、間違っていませんか？

どの職種でも、〝営業〟は、経営の要となります。

「何故、うちの部下は、営業で成果を出すことができないのだろう」とイライラしてしまう気持ちもわかりますが、部下に自分の営業スタイルを押し付けていませんか？

この章では、**僕の経験も含めて、経営者や上司の立場にある方が実際に陥ってしまいがちな危険な考え方について、そこから辿り着いた経営の心得について、お伝えしていきたいと思います。**

僕は、フロンティア・コバヤシを起業する前は、中古車販売店の営業として勤めていました。

通常、「営業マン」というと、商品を売り込むイメージがあるかと思います。僕は、いい意味でも悪い意味でも嘘がつけない性格です。お世辞をいったり、相手に気に入られたりできるような会話力もありません。自分でいうのもなんですが、人当たりが最悪で、売り込みもできない、〝営業マンらしくない営業マン〟だったのです。今思えば、「こんな性格で、よく営業をやろうと思えたなぁ」と我ながら感心してしまいますが、当時はそんなことは微塵も考えず、ただただ上司に自分の存在を認めさせたいと必死でした。しかし、思うような成果を出せず、「どうしたらいいのか？」と頭を悩ませていたのです。

そんなある日、知人から転職に関する相談を受けました。僕は、その相談に対して、親身になって話を聞いていたのですが、そうしているうちに、**他者との関係性を育んで信頼関係を構築し、信用によって商いも繋がっていくのではないか**と思ったのです。当時の僕は、「営業力」とは、とにかく不特定多数の人に気に入ってもらい、商品を購入してもらう能力だと思っていました。しかし、営業マンには、大きく二つのタイプが存在することに気づいたのです。

一つ目は、**「短期決戦型」タイプ**。

短期決戦型は、短時間でお客様に好印象を与え、特定の分野で信頼を得ることができる能力に長けたタイプ。明るくて人懐っこく、コミュ力に長けていてムードメーカーになりやすいです。この手のタイプは、非常に印象が良いので、キャッチや訪問販売でも成果を上げることができる人が多いです。社交的なので、浅く広い交友関係を築くのは得意な反面、他者と深い関係性を築くのが苦手な一面もあります。

そしてもう一つは、**「信頼構築型」タイプ**。

信頼構築型は、短期決戦型とは異なり、万人に対してコミュ力が高いわけではなく、表現力にも乏しいので、相手に与える第一印象はあまり良い方ではありません。

そのため、短時間で他者から気に入ってもらえるようなことは少なく、自分からガンガン距離を縮めようともしないので、短期決戦型のようなキャッチや訪問販売にも向いていません。その反面、ひとたび相手のことを好きになればまず相手のことを第一に考えて行動するので、深い関係性を構築することができます。

この考え方に当てはめると、僕自身は信頼構築型でありながら、短期決戦型の戦い方をしていました。それでは、思うように成果が出せないはずです。

「営業力」を言い換えると、「相手に信頼してもらえる力」。

徹底的に他者と向き合い、相手のことを自分事のように考えて行動すれば、ギバーの関係性が構築されて相手にも信頼される。その術を知ってからは、ご紹介も増え、面白いように仕事が入るようになりました。そして、入社5ヶ月目でトップ営業になることができたのです。

もし、あなたが営業マンであれば、どちらのタイプですか？　また、成果を出せない部下に対して、あなたの営業スタイルを押し付けていませんか？　成果が出ないと嘆く前に、今一度自分も含めて確認しておきたいものです。

●勝手に、「従業員の幸せの定義」を決めていませんか？

中古車販売店でトップ営業となり、「ギバーの関係性さえ構築できれば、自動車に限らず、どんな商品でも扱えるようになる」と確信した僕は、２００９年3月に独立、フロンティア・コバヤシを創業しました。

スタッフも雇うようになった創業2年目。仕事を終えて、自宅に戻ってテレビをつけると、そこに出演していた経営者の方が「経営理念は『従業員の物心両面の幸せを追求する』です」と仰っているのを目にしました。僕は、「そんな綺麗事をいう経営者はたくさんいるし、結局は自分の利益のためでしょ」と思い、晩ごはんを食べながら、その方の話を斜に構えて聴いていました。

しかし、聴けば聴くほど、その理念が上辺の言葉ではないように思い、次第に「この人は、本気でそう思いながら経営されているんだ！」と強く感じるようになりました。その方は、倒産寸前の危機的状況である会社を引き継いだものの、自分ではどうすることもできず、藁《わら》にもすがる思いで、京セラの創業者・稲盛和夫さんの経営塾の門を叩かれたそうです。その経営塾で得た「経営は心をベースにして行わなければならない」という教えのもと、従業員の方との関係に重点を置き、理念を共有することに努められ、実際に経営でも成果を上げていたのです。

この経営者の方が、前章でも登場した、稲盛さんの経営塾の先輩であり、僕にとって初めてのメンターとなるT社長です。

テレビを観て感銘を受けた僕は、そこで得た学びを感情のままブログに書きました。すると、そのT社長から、なんと直接メッセージが届いたのです。思ってもみなかった憧れの方からのメッセージとお声がけに、僕は驚きとうれしさでいっぱいでした。そして、近々開催されるというT社長の講演会にも参加させていただくことにしました。

T社長は、当時40代前半で、26歳だった若輩者の自分に対して偉ぶることもなく親身に接してくださいました。その後も、T社長から「ごはんに行こう！」と声をかけてくれるなど、何かと僕のことを気にかけてくださるお人柄と、その人間力に惹かれていくばかりでした。そんなT社長からお声がけいただき、僕も経営塾に参加することになったのです。

経営塾では、京セラの創業者であり、ＪＡＬの再建を果たされた稲盛さんの経営哲学が、そのまま塾生に伝えられていました。京セラでは、《全従業員の物心両面の幸福を追求すると同時に、人類、社会の進歩発展に貢献すること。》という経営理念から生まれた「フィロソフィ」といわれる経営哲学があります。それを軸に、それらを全従業員に落とし込み、日々の業務にも落とし込んでいくのです。僕の中で、稲盛さんやT社長のような、包容力とリーダーシップのある経営者像に対する憧れはどんどん募っていきました。そして、「自分も経営者として従業員を幸せにしたい」「経営を伸ばしていきたい」という一心で学んでいたのです。

しかし、その思いはいつしか、「従業員を幸せにするためには理念を共有しなければならない」「従業員を幸せにするためには儲けないといけない」「従業員を幸せにするためにはやりがいを感じてもらわないといけない」というような、思い込みに変化していきます。さらに、その思い込みから、「売上を伸ばして、給与をたくさん渡せば、従業員は幸せになるはず」「営業や整備をすることで成果が出てお客様に喜ばれるようになれば、やりがいを感じて幸せになるはず」と、**「従業員の幸せの定義」を勝手に僕の中で決めつけるようになりました。**その結果、フロンティア・コバヤシは、気が付けば一人、また一人と、従業員が入っては辞めていくという、人材が定着しない会社になっていってしまいました。

僕は、ギバーの関係性さえ構築できれば、事業はできると思っていました。しかし、人である従業員は一人ひとりが異なるはずなのに、まるですべて同じ工業製品のように思い込んでしまっていたのです。あなたも、**「従業員の幸せの定義」**を勝手に決めつけてしまっていませんか?

従業員の幸せは、一人ひとり違って当然。勝手な思い込みは、そんな当たり前のことも、見えなくしてしまうのです。

●〝営業〟と〝経営〟のように、「上司」と「部下」では立場も違う

フロンティア・コバヤシの創業時の年商は、1千400万円でした。その翌年には2倍、その翌年には4倍と上がり続け、創業から5年目には10倍以上の2億円近くまで伸びていました。自動車販売業で「売上2億円」という数字は、全然大したことはなく、むしろ少ない方です。しかし、中古輸入車の中でもリーズナブルな価格帯の商品を扱っていたこと、当時のスタッフの人数などを考えると、決して少ない数字ではなかったと思います。スタッフにも、「最低でも、10億円くらいはいきたいよね」と話し、息巻いていました。

しかし、順調だったはずの5年目に、初めてのピンチが訪れます。

在庫販売をしている限り、在庫が売れれば、また新たな在庫を仕入れる必要があります。僕は、契約をいただく度に頭の中で、「今月は、600万円の粗利が見込めるぞ」といった具合に、粗利益ベースの計算ばかりして、キャッシュフローを度外視し、販売

車の車輌代金は納車時にいただくという流れがスタンダードとなっていました。そんな経営をしていたらどうなるかくらいのことは、読者の皆様なら、もうお気づきかもしれません。

販売や仕入れが立て続けに重なったあるとき、売掛金（販売車の未回収金）が大きくなり過ぎて、一週間以内に支払わないといけない仕入れ額が約４００万円。それに加えて、従業員の給与や家賃、広告費や保険代など、月末・月初に支払わないといけない諸経費が約２００万円もあるのに、売掛金が入るのは、まだ先の話（納車が２週間〜１ヶ月後なので入金もその時期になる）。銀行の残高は、わずか３５０万円。利益は大きく出ているはずなのに、手元にはお金がありません。

もう頭が真っ白になり、どうしていいのかわからずパニック状態。初めて「倒産」の二文字が頭の中をよぎりました。これまで〝営業マン脳〟で経営してきたことが仇となり、黒字倒産の危機を招いたのです。

結果的に、その危機は、乗り越えることができました。実は、支払いできないと頭を抱えていたとき、これまで取引のなかった信用金庫の営業マンが、突然フロンティア・コバヤシに飛び込み営業に来ました。しかも、「社長、是非うちでお金を借りてください！」といってくるではありませんか！　偶然とは思えないほどのタイミング。信用金庫さんに救っていただいたそのときの恩義は、今も忘れられません。その信用金庫さんとは、今も良いお付き合いをさせていただいております。僕は、このとき初めて、「神様は見てくれているのかもしれない」と思いましたよ（笑）。

サラリーマンの頃は、営業として数字さえ上げていれば評価してもらえます。しかし、いざ自分が経営者となると、営業のことだけではなく、キャッシュフローをしっかりと考える必要性があることを、当たり前のことなんですが、このとき初めて痛感させられたのです。それと同時に、サラリーマン時代は、会社が多方面でしっかりとバックアップしてくれていたことも思い知らされ、感謝の念でいっぱいになりました。

経営が順調で、自分では営業も経営もできているつもりでしたが、全然わかっていませんでした。そして、あのタイミングで学べて良かったと思っています。もし、あのときにキャッシュフローを考えないまま経営を続けていたらと思うと…、ゾッとします。

僕にとって、黒字倒産の危機を迎えた当時のことは、**〝営業〟と〝経営〟は別物である**ことを学ばせていただいた貴重な経験です。さらに、**営業マンとして働く「部下」と、経営に携わる「上司」では、考え方も立場も違う**ことを再認識しました。

●「信用できる部下」を、ちゃんと見てあげていますか？

人材に関する悩みは尽きませんでしたが、僕にもいよいよ信用できる部下ができました。しかし、その部下をちゃんと見てあげることができず、僕は上司としての〝生きがい〟と〝ショック〟を、同時に得るという体験をすることになるのです。

アルバイトのK君は、車が大好きな現役の大学生でした。何事にも一生懸命に取り組むだけでなく、キラキラした目で僕のところに話を聴きに来ては、それを着実に実践するような、学びに貪欲で素直な子でした。

当時の僕は、従業員が自分より年上ばかりで、初めての年下の部下・K君の存在は、非常に新鮮でした。そして、自分の話を前のめりに聴き、実践しては成果を出してくれるK君が、可愛くて仕方がありませんでした。会社以外では、夜ごはんに連れて行ったり、他の経営者さんと会うときも同席させたりするなど、さまざまな経験や学びを与えるという投資をしていました。

K君も、その思いに応えるように、大学卒業が決まったタイミングで、

「社長！　僕、正社員になりたいです。そして、社長に信頼していただけるようになって、お店を任せてもらえるような店長になりたいんです！　よろしくお願いします！」

と、真剣な眼差しで話してくれました。その日の帰り道、僕は、これまでに感じたことのない、喜びなのかうれしさなのか、そんな言葉にしがたい感情が溢れてきました。そして、運転する車の中で、一人でわんわんと泣きました。初めて経営者として人に向き合い、人を導くことが自分の生きがいであること、それによって自分が生かされていることに気づかされた瞬間でした。

その後、正社員になったK君の成長ぶりには、目を見張るものがありました。車の販

売から仕上げ、車検やコーティングなどのあらゆる業務ができるようになり、お客様からも必要とされるようになり、次第にお店での存在感も大きくなっていきました。

しかし、少しずつ歯車が狂い始めます。

K君が入社3年目のある日、K君よりも3歳年上のY君が入社してきました。

Y君は、整備士の資格を持っている大の車好きで、将来は車に関わる仕事で経営をしたいという思いを持ち、地域の人たちから必要とされる存在になりたいと大阪に出て来た、非常にやる気に満ち溢れた青年でした。

フロンティア・コバヤシでは、K君の方が先輩で、Y君は後輩という位置づけです。Y君は、K君を「Kさん」と呼ぶのに対し、K君は年上のY君を「Y君」と呼んでいました。それを僕は、「あまり良くないなぁ」とは思いつつも、そこまで気にしていませんでした。

その頃のK君は、自分一人で利益を出せるようになっていました。そのためか、学びに対する意欲も低下し、少し傲慢さも見え隠れしていた時期で、僕からK君へ注意する機会も増えてきていました。

その反面、地方から出て来たY君は、K君に負けず劣らず学びに貪欲なタイプで、毎日朝早くに出社しては僕の話を聴き、それを実践していました。意欲的な子が大好きな僕としても、Y君をごはんに連れて行くなど、個人的にY君に時間を割くようになっていました。さらに、Y君は整備士でもあり、他のスタッフから必要とされることも多くなりました。それにより、次第にK君のY君に対する風当たりが、どんどんキツくなっていったのです。そうした流れに、僕も薄々気づいていて、お互いから話を聴く機会を設けたのですが、予想以上にお互いがお互いのことを良く思っていないことがわかりました。

さすがにこれはまずい…。そう思って、お互いの関係を修復できるようにと、僕なりに動き出した矢先に、事件は起こったのです。

Ｋ君から、「社長のことが、もう信用できないので辞めます」と、告げられました。

あまりに突然のことだったので、僕は頭が真っ白になり、しばらく言葉が出ませんでした。僕としては、Ｋ君に嘘をついたことも騙したこともないので、その言葉の意味がまったく理解できませんでした。

「ちょっと、意味がわかれへんねんけど…。信用できないって、俺が何かしたかな？」
「いえ、そういうわけではないですけど…、ただ、もう信用できないんで」
「わかった。でも最後に一つだけ教えてほしい。信用できなくなったにも理由があるやろ？　その理由だけ教えてや」

僕がそう食い下がると、Ｋ君はいいにくそうに教えてくれました。
「Ｙ君です。Ｙ君から、社長は僕のことを信用していないと、いろいろ聞きました」

その言葉を聞いて、僕は衝撃を受けました。何故なら、僕はＹ君に、そんな話をしたこともなければ、Ｋ君のことを、そんなにふうにも思っていなかったからです。

何よりも、Y君がそんなことをいっていたことに驚き、言葉を失いました。

K君は、続けます。

「社長は、きっと気づいていないでしょうけど、Y君は、かなりトラブルメーカーですよ。聞いてもいないのに、いろいろといってくるので。でも、そのおかげで、僕は本当のことを知ることができて良かったです。社長を信じた、僕がバカでした」

僕は、もう何の言葉も出ませんでした。自分が生きがいを感じられるほどの存在になっていた部下から、突然告げられた別れの言葉に、何ともいえないショックと喪失感で、呆然となったことはいうまでもありません。

●部下が、「何故、働くのか?」を知っていますか?

K君の一件は、まだ続きがあります。

僕は、この一件により、上司としての未熟さと、とても大事なことに気づかされることなるのです。


僕は、K君との一件が嘘であってほしいと願いながらも、Y君に真相を確かめることにしました。K君とあったことをすべて話すと、Y君は涙目になり、

「申し訳ありません。すべてK君のいう通りです。僕がいったのは、事実です」

と答えました。その瞬間、僕は激しい怒りで自分を抑えられなくなりました。そして、気が付けば、Y君の胸ぐらを思いっきり掴み、

「お前のせいで、あいつ（K君）がどれだけ傷ついたのか、わかってんのか‼　何でそんな嘘をいうたんや⁉」

と、Y君を責めました。


さらに、怒りが抑えられない僕は、包丁を取り出して、彼の喉に近づけて、彼を追い詰めました。今では、完全にダメなことだとわかっていますが（※絶対にマネしないでください）、あの当時の僕も、裏切られた悲しみから、自分をコントロールすることができなかったのです。Y君は、怖さのあまり泣きながら、「すみません。死にたくないです…」と、身体も唇も震わせて謝っていました。そんな彼の弱っていく姿を眺めなが

ら、僕も何とか自分を取り戻すことができ、Y君と向き合うことにしたのです。

Y君は、素直な気持ちと、そんなことをした理由を打ち明けてくれました。

野球部の出身で、ずっと上下関係が厳しい環境で過ごしてきたY君は、自分より年下のK君による生意気な言葉づかいや、どこかバカにしたような接し方が、非常に気に入らなかったそうです。そんなK君が、自分よりも社長や先輩から可愛がられているように感じて、面白くなかったのです。嘘をいったのは、嫉妬心から出た行動でした。僕から見れば、Y君も整備士として、他のスタッフから必要とされていたのに…。

しかし、どんなに反省しても、K君を傷つけたことは事実であり、決して許されるものではありません。そのときから、僕のY君に対する風当たりも、明らかにキツくなっていました。Y君は、K君が担っていた仕事をすべて引き継ぐことになり、その負担は非常に大きなものとなりました。そして、プレッシャーや疲れからか、徐々に仕事でのミスが増え、連日のように僕や他のスタッフからも注意を受けるようになり、Y君の顔から笑顔が消えていきました。

K君の退職から半年後、Y君からも退職の申し出がありました。

僕自身、K君が退職してから、ずっと心のどこかで「Y君のせいで、K君は傷ついて退職してしまった」と思っていたので、僕から引き止めることはなく、Y君の退職が決まりました。しかし、その数日後、別のスタッフから「Y君は、退職したらホームヘルパーの仕事に就くつもりらしい」と聞き、僕は驚きました。てっきり、Y君は、地元に戻ると思っていたからです。

気になった僕は、すぐにY君を行きつけのスナックに誘いました。そこで、飲みながらホームヘルパーになる理由を尋ねました。すると、Y君は、「時給が良いから」という単純な理由で、ホームヘルパーという職を選んだことを知りました。

実は、僕自身も、介護福祉士やホームヘルパーとして働いた経験があり、そんな簡単な仕事ではないと、すぐにY君を引き止めました。そもそも、Y君は、何故働いているのか。そのことに疑問を持った僕は、「給与で仕事を選ぶのか」「生活のためだけにお金を稼ぐのか」「何のために地方から大阪に出てきて働くことにしたのか」と質問を続けました。

「…僕だって、必要とされる人になりたいです！ …でも、自分でも、どうしていいかわからなくて…。生活もあるし、何したらいいかわからないし…。社長、僕、どうしたらいいですか？ 自分で自分がわからないんです!!」

僕は、そんなY君を見て、彼は完全に自信を失くし、物事を冷静に考えられなくなっていることがわかりました。そこで、Y君に《自分の価値を高める働き方》を提案することにしたのです。

●自信を失った部下に与えた「自分の価値を高める働き方」

僕が、Y君に提案した「自分の価値を高める働き方」。

その内容は、いたってシンプルで、**一つの作業（仕事）をすべてワンコイン（500円）で行う**というもので、そのルールと約束事は、次の五つでした。

①どんな仕事も500円で行う。
②500円以上は絶対に受け取らない。
③相手の期待値を超える結果を出す。
④いったからにはやり切る。
⑤調子に乗らない。

「この五つができれば、3ヶ月で、Y君の単価は爆上がりするわ」

「え⁉　これだけですか？　3時間かかるような仕事も、500円ですか？」

「そうや。1日かかろうが、500円。そのかわり、誰かの力を借りてでもいいから、絶対に依頼された仕事に対して、相手の想像を超えるスピードとクオリティで結果を出すこと。ここで楽をしようものなら、すべてがパーになる。でも、やれば絶対にお前は必要とされる人になるし、単価が爆上がりする」


僕には、このワンコインビジネスが上手くいくという確信がありました。それは、在庫のない中古車販売店時代に得た、僕自身の経験からでした。何も期待していない状態から、予想もしなかった何かをサプライズのように与えられると、驚きと喜びといった感覚が生まれます。それが相手を感動させ、相手には、その感動に何かで返したくなるという気持ちが芽生えます。これは、**返報性の法則**といわれるものです。

Y君は、まだ信じられない様子で、質問をしてきます。

「…単価が上がるというのは、500円以上のお金をいただけるということですか？」

「そうやねんけど、そこで重要なのは、絶対に500円しか受け取らないこと。もし千円を渡されても、断れ。万が一受け取ったりしたら、許さんからな」

「え!? でも、ずっと500円のままだと、生活できなくなりませんか？」

「今は、生活とか考えるな。考えるからおかしなんねん。絶対にごはんは食えるし、大丈夫や」

「…わかりました。やってみます」

半信半疑で不安な表情をしていたY君を尻目に、僕はスナックのママに、Y君がワンコインで仕事を始めることを話し、今ここでワンコインの仕事を取るための営業をやらせてもらえないかとお願いしました。Y君も、積極的に「何でもワンコインでやりますので、声かけてくださいー」と声をかけ、早速ママから、送迎のお仕事をいただくことができました。

その後も、僕のブログをご覧になった方やお店のお客様から、自宅の掃除やカメラマンのアシスタントなど、さまざまなお仕事の依頼が舞い込んでくるようになりました。次第に、リピートしてくださる方も増え、彼にごはんをごちそうしてくださる方、「社長には、絶対に内緒にしておけよ」と、1万円を渡してくれる方までいたそうです（僕には、知らされていないことになっていました）。そして、ワンコインの仕事を始めて、わずか4ヶ月後。Y君は、ワンコインの仕事をきっかけに、月に24万円を稼げるようになっていました。予想通り、彼の単価はワンコインから爆上がりし、「〇〇円出すから来てほしい」といわれるほど、周囲から必要とされる人になっていたのです。

この時期のY君は、大阪に来てから一番いい表情をしており、とても印象的でした。自分がいただいた仕事について、いつもうれしそうに僕に報告してくれて、仕事に対する誇りも持っていました。何よりも、彼自身が自分に誇りを持ち、自分のことを大好きになっていたことも伝わってきました。その姿を見ることができて、僕自身もすごくうれしかったです。そして、彼の素直で一生懸命な姿勢を応援してくださる方や必要としてくださる方が増えていったことは、彼にとっても僕にとっても、非常に大きな経験となりました。

そんな日々が続き、いつしか、Y君も、僕にとって非常に大切な存在になっていることに気づきました。それと同時に、K君が退職した原因を、すべてY君のせいだと思っていましたが、**社長である僕自身がK君とY君、一人ひとりとしっかり向き合えていなかったことが原因だったこと**に気づかされたのです。

よく考えれば、同じような年齢で、同じような役割を任され、同じようなキャラクターで、同じような立ち位置にある二人が、お互いに自然と協力し合い、役割やポジションを譲り合う方が難しいことでしょう。あの当時の僕は、自分の考えに賛同し、結果を出す人間だけを大切にするような傾向がありました。それが、二人の間に競争心を芽生えさせ、確執を生んでしまったのかもしれないと、非常に反省しました。二人の特性を理解し、二人の立場になって考えていれば、事前に防げたはずです。

そして、二人の特性を理解し、**「自分の価値を高める働き方」を与えることが、部下に対する上司の本来の仕事だったのではないか。**

この一件を機に、僕の従業員に対する向き合い方が変わっていきます。そして、それまでの経験から学んだことをしっかりと胸に刻み、人と関わっていくことで、自分なりのメソッドが確立されていくのです。

本当に大丈夫!?

「ジリ貧経営者」にならないための小林語録②【経営編】

□世の中の成功事例の大半が、僕のとは逆。成功にも経営にも正解なんてないねん。

□営業と経営は別物。会社のバックアップがあって、社員はのびのびと働ける。

□『○億稼いだ社長』に憧れて、ええ格好してるのはダサいねん。

□漢気を出すだけのリーダーなんて魅力ないねん。ほんまに人を大切にできひんなら、経営者なんか辞めた方がええで。

□理念や理想を語るだけやったら、ええ人もみんな離れていくだけや。

□結果を出す人間だけ大切にしてたら、無駄な競争心や確執を生むだけ。でもそれもすべてはリーダーが部下とちゃんと向き合ってへんのが原因やねん。

第3章

「人経営」に適した、愛ある「部下（バカ）」の"貢献感"

●会社をダメにするのは、自分をも愛せない「部下（バカ）」

僕は、これまで自動車関連以外の事業も展開し、たくさんの人（部下）を見てきました。その中で、部下には、さまざまな価値観があることを知りました。そして、関わり続けて見えてきたのは、**「部下を生かすも殺すも上司次第」**であるということ。

それと同時に、**何をしても会社にとって不利益をもたらす「部下（バカ）」**も存在することを知りました。

こうした話題になると必ず、「愚痴・悪口をいう人は、悪だよね」という方がいらっしゃいます。僕自身も、かつてはそう信じて疑わず、愚痴や悪口をいう部下は切るべきだとさえ思っていました。

しかし、さまざまな価値観を持つ人が一緒に仕事をしていれば、考え方の違いなどから、多少なりの愚痴が出るのは当然とも思えるようになりました。もちろん、愚痴や悪口の程度にもよりますが、基本的に人は、他人に認められたい生き物なので、上司や仲間の悪口をいうことで自分という人間の存在価値を感じることができ、自己肯定感を保てているとも考えられるからです。

多少なりの愚痴・悪口をいう人の見方を変えると、承認欲求が大きく、パワーに満ち溢れている人。その承認欲求を満たすことができれば、良い方向にパワーを発揮してくれるようになります。

しかし、それとは逆に、何をしても会社にとって不利益をもたらす人がいるのも事実。僕は、**そんな信用するに値しない部下を、「バカ」と呼びます。**

ここからは、**会社に不利益をもたらしやすい「バカ」の特徴と理由**について、説明させていただきます。

①自分の機嫌を自分で取れない人

人間は誰しも、気分が乗っているときもあれば、乗らないときもあります。1日楽しい気分の日もあれば、ちょっとしたことで怒ってしまうようなイライラしやすい日もあるでしょう。だからといって、機嫌が悪いからと1日イライラして過ごせば、一緒にいる人たちは気を使いますし、いい気はしません。特に、仕事をしていると自分の機嫌の良し悪しなんて仲間やお客様には関係なく、社会人であれば自分で気持ちの切り替えをしていただきたいのですが…。

そんな生理現象のようなリズムに左右され、自分の機嫌をまわりに取ってもらうような人は、仕事環境を乱す自分にかまってほしいだけの「かまってちゃん」に過ぎません。自分の世話もできない大人に、責任ある仕事を任せられますか?

このタイプの人がミスをすると、必ず「あのときは○○だったので」と、環境や他人の責任にしがちです。自分に向き合って自分を律することは社会人として、大人として当然のこと。それができない人は信用するに値しません。

②逃げ癖のある人

〝逃げ癖〟とは、目の前にある辛いことから目を背けて逃げる人を意味します。

このタイプの人は、仕事を始める前の気合は十分です（笑）。

しかし、いざ仕事が始まり、思い通りにいかなくなった途端、それまでやる気満々だったのが一転して嫌になり、逃げたくなるのです。つまり、仕事を始める前にどれだけ「頑張ります！」と意気込んでいても、まったくあてになりません。当人は本気なのですが、いざ壁にぶつかると頑張れないからです。

理由は人それぞれにあると思いますが、その多くは、苦労して乗り越える必要がなかったから。「やらなければ死ぬ！」といった環境に身を置いた経験がなかったので、死ぬ気で頑張る必要がなかったタイプの人。

そして、もう一つのタイプとして、〝素直過ぎる人〟であることも考えられます。素直さは大切ですが、素直過ぎて、何でも自分にとって必要だと思うことを吸収しようとする傾向にあります。例えば、「ピアノで一流になりたい」といってピアノを習っていても、「これからはギターの時代よ」と聞けば、「ギターも習っておかなきゃ！」と、いとも簡単にピアノを辞めて、ギターを習い出すといったイメージです。先月と、いっていることが変わることなんてザラなので、信用できないのです。

③想像力のない人

仕事を始めて間もない頃は、教わった通りにやろうとしても、上手くいかないことやミスをしてしまうことがあって当然です。

しかし、想像力のない人は、ミスをしたことに対して、「次どうすればミスしないか？」という問いを持ちません。問いを持たない限り、改善しようにも改善できないので、また同じようなミスを繰り返します。そうしたミスを予防するために、上司が改善案を提案し、トライしても同じようにまたミスをしてしまいます。〝やらされ感のある仕事〟の場合、本人が能動的になれないこともあり、物忘れをするケースが多いです。

これは、決して頭が悪いとかいうのではなく、想像力がないだけなのです。

また、想像力がないまま会話をして、無意識に相手を怒らせ、ケンカやクレームに発展することもあります。そんなことが続くと、「何故、何回も同じミスをするのか⁉」「いい加減にしろ！」と腹が立ってしまい、上司にとってもストレスになってしまいます。

④極端にプライドが高過ぎる人

仕事に対してプライドを持つことは大切ですが、それが極端になり過ぎるのは困ります。プライドの高過ぎる人が、そのコミュニティの中で一番認められている場合はまだいいのですが、自分を脅かすような存在だと感じた相手には、非常に攻撃的になるのが、このタイプの特徴です。攻撃するのではなく、自分を高める努力をする方向へと力が働けばいいのですが、対象となる相手を下げる発言をしたり、相手を陥れようとする方向に力が働いたりすると、非常に厄介です。

自分を認めてほしい気持ちが強いゆえに、他者を下げることで自分のプライドと自尊心を保ちます。人間は、そうして気持ち良くなれることを一度でも経験してしまうと、ドーパミン依存症になるといわれていて、こうなってしまっては、おしまいです。

また、このタイプの人は、自分のミスが周囲に知られることを、極度に嫌う傾向にあります。中には、嘘をつき、ミスを不正して誤魔化そうとする人もいます。

⑤「絶対」をよく使う人

「絶対に達成します！」「絶対に辞めません！」といった具合に、「絶対」と言い切る言葉を、息を吐くように多用する人がいます。

たくさんの人を面接し、採用もしてきましたが、「絶対に、辞めません！」と発言をした人で、僕の会社に残っている人は、残念ながら一人もいません。ほとんどの人が、3ヶ月以内には退職し、長い人で半年くらいでしたね…。

つい最近の面接で会った人も、キャリアがハッキリとしておらず、以前の職場を辞めた理由が会社側の責任といった内容の発言が見受けられたので、「こいつ、すぐに辞めるやろなぁ」と思いました。僕は正直に、「君、すぐに辞めると思うし、お互いに時間の無駄やから、やめとけへん？」と伝えました。

彼は、「すぐ辞めるつもりなら来ていません。絶対に辞めませんので」といいました。

その言葉を聞き、僕の中で改めて、〝辞める人確定〟となりました。

「僕は、いったことは絶対にやる性格なんで。絶対に辞めません。お願いします！」

そう言い切ったので、とりあえず彼を採用してみました。その2日後のことです。

「僕がやりたいのは整備で、洗車はやりたい仕事じゃないんで」

と、彼は会社を去りました…。まるで漫画のような展開ですが、実話です（笑）。

彼の言動からもわかるように、「絶対」を多用する人は、思考が浅はかなんです。

ここまでご紹介した五つの特徴を持つ人に共通しているのは、非常にムラがあるということ。**ムラがあるというのは、その瞬間の損得で生きている証拠で**、自分という人間を理解できていない傾向が強いです。一見、利己的で、自分のことが好きな人のように見えるかもしれませんが、本当の意味で自分に興味を持てていません。つまり、自分のことを愛せていないのです。

しかし、僕は、「こうした特徴を持つすべての人たちが不利益をもたらすぞ！」といいたいわけではありません。そうした特徴があることを理解し、上司の立場である自分自身が付き合いたい人なのかを見極めたうえで、会社が不利益になることを回避できるとお伝えしたいのです。

僕は、部下にしたい人、自分が付き合っていきたい部下の条件としても、「バカ」を掲げます。それも、先ほどから紹介しているような会社に不利益を与える本当の「バカ」ではなく、こちらが応援したくなる、**愛ある「バカ」**に限ります。ここでいう〝愛ある「バカ」〟とは、たとえものすごく頑固でプライドが高くて一般的な仕事ができない世話のやける人でも、思いやりの心を持っているなど、何か一つでも長けているものがあるような人のことを指します。

●〝貢献感〟を持つ、愛ある「バカ」の能動性を引き出す

人手が少ない今の時代は、**人手という頭数の労働力よりも、〝人の心〟が重要**になると感じています。

人が能動的主体者となるためには、**本人の心が「自分が必要とされている」、または「自分は貢献できている」と感じる**ことが必要になります。

しかも、必要なのは、**「自分〝は〟必要とされている」**ではなく、**「自分〝が〟必要とされている」という強い感覚で、これが人の能動性を引き起こすきっかけとなります。**

そのきっかけが、仕事での役割であったり、普段のコミュニケーションからであったりするのですが、この「自分〝が〟必要とされている」という感覚を得るためには、他者の存在が必要となるのです。

その他者の存在となれるのが、上司です。もちろん、上司以外にもお客様や同僚といった他者は存在しますが、部下である本人に最も大きなきっかけを与えやすいのは、やはり上司なのです。何故なら、上司が部下に対して役割や環境を与えることにより、部下に〝貢献感〟を実感してもらうことができるからです。

〝貢献感〟とは、**「自分は他人のために貢献できている」という実感であり、そこに他者評価は関係なく、自分自身で「貢献できている」と思えること**を意味します。上司が、そうした貢献感を実感できる役割や環境を与えることで、部下の能動性を引き出すことができます。つまり、上司は、そのきっかけを与えるだけでいいのです。

では、そのきっかけを、上司は部下に、どのように与えればいいのでしょうか？

ここからは、**部下の特性を理解し、能動性を引き出すための具体的な流れ**を、順を追って説明していきます。

①聴く（相手の視点に立つ）

まずは、とにかく聴くことです。**「聞く」**は、文字通りただ耳に入ってくる音を聞いているだけですが、**「聴く」**は、部下の話している内容をしっかりと理解しようと傾聴することを指します。

ここで重要なのは、聴いている側(自分)の意見はまったく必要ないという点です。部下の視点に立って「聴く」ことが、重要だからです。また、〝話の内容〟には、部下の感情も含まれているため、その感情を理解することも大切です。

上司にありがちなのは、つい「それは○○した方がいいよ」などとアドバイスしてしまったり、相手が辛い経験を聞いてほしいにも関わらず、「自分もその経験あるけれど、それわかるわ~」と、自分の話に置き換えて、同感したりすることです。

「聴く」には、〝同感〟も〝共感〟も必要ありません。むしろ、「なるほど。そういうことがあったんだね」と、とにかく受け入れることが最も重要です。絶対に避けたいのは、否定することです。一度でも否定してしまうと、心を閉ざされてしまい、再度心を開くことは難しくなります。まずは受け入れ、「それに対して、どう対応したの?」と質問すると、部下は自分視点で話してくれます。ここが部下の考え方を理解できる最大のチャンスになります。「ちゃんと聴いてくれている」「自分に興味を持ってくれている」という印象が部下に伝われば、これで下準備は完了です。

②深掘りする（特性を探る）

ここからは、**部下の特性をより理解するため、深掘りしていくフェーズになります。**ここまで散々「特性を理解する」とお伝えしてきましたが、この「特性」について僕なりの考えを述べたいと思います。

特性とは、**価値観・長所・短所・思考のクセ・特技・好きなもの・苦手なもの・趣味・興味といったものの総称**で、それらをひっくるめて「特性」としています。この特性が、部下の能力や能動性を引き出す鍵となります。

「プライベートなことを聞かれるのは嫌だ」という部下もいるでしょうが、そもそもそれくらいの話もできない、気をつかい合った関係では、意味がないのです。とはいえ、何もいきなり好きなことを聴かなくてもいいのです。何気ない会話の中から、部下の反応が良い話題に焦点を当て、そこを深掘りしていくだけで構いません。

例えば、部下とごはんに行った際に、部下が「ここのお刺身がすごくおいしいです！」といえば、「おいしいよね！　○○さんはお刺身が好きなの？」と質問するだけでいいのです。お刺身が好きであれば、お刺身から話題は深められますし、「おいしいもの全般、何でも好きです！」といった回答であれば、他にはどんなものが好きなのかなど、ツッコミを入れるだけで、話題をいろいろと広げることができます。そうした他愛もない会話から、部下の反応が良い話題を深めたり広げたりしていくだけで、部下の嗜好や笑いのツボ、思考のクセや価値観といった特性を探ることができます。

③教わる（部下から学ぶ）

部下の特性を探ることができたら、**その特性に関することを、上司から部下に教わるようにしてください**。これによって、普段あまり話さない部下でも、大抵は積極的に話をしてくれるようになります。

例えば、先ほどのグルメな部下であれば、「今度、市内に遊びにいくんだけど、〇〇さんはおいしいお寿司屋さんに詳しいから、市内でお勧めのお寿司屋さんがあれば教えてほしいな」といった感じでもいいでしょうし、「〇〇さんはごはん屋さんに詳しいけど、おいしいお店の見極め方とかってあるの？」といった質問でもいいでしょう。

人は頼ることよりも、頼られることの方が「自分が必要とされている」と感じることができます。純粋に、自分が教えてほしいことを部下から教われば、教える人と教わる人という、いつもとはまた違った関係が生まれます。すると、部下も新鮮な気持ちになり、非常に積極的に教えてくれるようになるケースが多いです。さらに、自分にはない部下の強みや得意なことを教わり、自分の存在意義や価値を部下に感じてもらえたら、それが部下の自信にも繋がっていくはずです。

④弱みを見せる（できないことの開示）

弱みを見せるといっても、上司が部下に「俺なんかもうダメだ…」と弱音を吐けということではありません。**自分ができないことや苦手なものを知ってもらうことです。**

僕の場合、営業マンであるにも関わらず、表現力に乏しく、笑顔が上手くつくれないことで、初対面のお客様から怖がられることも珍しくありません。そのため、ご家族連れや女性のお客様にご来店いただいたときは、あまり表に出ずに、他のスタッフに任せているほど。僕の場合、マンツーマンでなら関係性を築けますが、キャッチやナンパのような軽いノリのトーク力やテンションを持ち合わせていないので、万人ウケする接客はできません。これは、自信を持って言い切れます（笑）！

つまり、僕の弱みは、「不器用で万人ウケしない」こと。そうした弱みを部下に知ってもらうことで、部下に「自分がやってあげるしかないな」と思ってもらうことも重要なのです（いいふうにいい過ぎ⁉）。

弱みを見せると、「（あなたには無理なので）僕がやります！」と、部下から助けてくれるようになり、助けてもらった僕も感謝します。**弱みを見せることで部下と相互扶助の関係が築かれ、**部下の「自分〝が〟必要とされている」という気持ちが芽生え、育っていくのです。

⑤お願いする（きっかけを与える）

ここで、**いよいよ部下にきっかけを与えていきます**。ここまでの流れで、部下の得意・不得意や思考のクセなど、ある程度の特性は見えてきたかと思います。とはいえ、何をするにも、一度やってみなければわからないもの。部下が能動的になれる取り組みや、新しい役割・仕事をお願いすることで、その人が劇的に変わることも珍しくありません。いや、むしろその方が多いといえるでしょう。

第2章のY君の事例でいえば、ワンコインの役割を与えたことによって、本人は能動的主体性を発揮しましたが、まさにこれです。

以前、決してやる気がないわけでもないのに、教えても仕事を覚えず、なかなか成長しない部下がいました。しかし、本人はうちに来るまで、別の仕事で教える側の立場としてバリバリやっていたそうなのです。どう見ても、そんなふうには見えなかったのですが、本人の特性を理解し、自社で未だ誰も取り組んだことがない仕事をお願いしてみることにしました。すると、その部下は、思いもしないほど仕事に前のめりとなり、能動的主体性を発揮して、自らも工夫をするなどして、どんどん仕事を取ってきてくれるようになりました。また、その人に部下を付けたことで、今まで苦手だった仕事も驚くほどバリバリできるようになったのです。

このように①～③で特性を理解し、④で相互扶助の関係を構築し、⑤で実践するという流れによって、能動的主体性を発揮してもらうことができるようになります。

逆に、どれだけ関係性ができていても、**①の「聴く」を省いてしまうと思考の違いから誤解を招いてしまい、いとも簡単に関係性が崩れることもありますので、①は非常に重要なポイントとなります。**

ただ、先程も申し上げたように、ここで重要なことは、「他者評価が必要」「上司の評価で貢献感を与える」というものではありません。また、**実際に「貢献すること」よりも、部下本人が〝貢献感〟を持てること**が、何よりも重要です。上司は、あくまでもそのきっかけを与えることが役割であり、そのために部下の特性を知る必要があるのです。

●〝貢献感〟は十人十色！　定義づけはご法度！

〝貢献感〟は、部下の特性によって十人十色です。

整備士だからといって、すべての整備士が車を修理することに貢献感を持っているわけではありません。以前、僕自身も、「整備士だから」というだけで、従業員のやりがいや喜びを決めつけ、「給与を上げればいいだろう」「お客様の生の声を聞けば喜ぶだろう」と考えてしまう、**誤った従業員のやりがい追求**に陥りました。

上司的立場の人、特に経営者ほど、従業員に対して「こうあるべき」を押し付けてしまいがちです。従業員に対する思いが強ければ強いほど、自分の価値観を押し付けてしまい、従業員との間に溝ができ、経営者自身がどんどん孤立していきます。

僕自身も、同じように従業員との思いのギャップに苦しみました。そのときは、こちらの思いが伝わっていないのではなくて、僕自身が従業員のことを知ろうとしていなかっただけだと気づきました。

相手の特性を理解せずに、「〇〇すれば喜ぶもの」といった思い込みは、上手くいけばいいものの、合わなければ単なる独りよがりです。最悪の場合、築いてきた関係性も崩れかねません。あなたの大切な友人やパートナーを想像してみてください。あなたにとって大切な人たちは、何をすれば嫌がり、何をすれば喜ぶか、考えればすぐにわかると思います。しかし、ひとたび会社での関係となると、**そこまで深く相手のことをわかっていないにも関わらず、何故か従業員に対して〝幸せの定義づけ〟をしてしまう経営者が多いのです。**

「何故こちらのいうことをわかってくれないんだ！」と思ったところで、独りよがりな上司のことを、部下がわかろうとしてくれるはずがありません。部下の特性を理解するには、上司は部下のことを、誰よりも好きになり、誰よりも理解し、誰よりも信じ、誰よりも応援する。特性に合った役割やきっかけを与えるには、とにかく与える側の上司が、**「部下に惚れる」**ことが大事なのです。

●部下の〝貢献感〟を育てるなら、上司から部下を好きになれ！

改めていいますが、上司と部下の関係性を築くためにも、重要なのは、**「上司から部下に惚れろ」**ということです。

「え？　『上司は、部下に惚れてもらわなければいけない』の間違いじゃないの？」と、思われた方もいらっしゃるかもしれませんが、それは大きな間違いです。

もちろん、部下に惚れてもらえるような魅力ある上司に越したことはありませんが、上司の**〝部下に惚れてもらおうとする努力〟ほど見苦しく、虚しいものはありません。**

これは、接客業と同じです。アパレルショップを訪れたとき、ショップ店員が「買ってもらいたい」という一方的な向こうの視点だけで、あの手この手でお客様であるあなたの気を引こうとしてきたとしたら、その店員に好意を抱きますか？　おそらく、売りつけられている気がして、嫌になるのではないでしょうか。そうした見返りを求めるような好意ではなく、**純粋に一人の人間として部下に興味を持ち、向き合うことで好きになること**が理想的です。

「そもそも部下に興味を持つことなんてできない」という方は、すぐにこの本を閉じてください。読み進めていただいても何の役にも立たないと思います。

「人が好きなのに部下と上手くいかない」という方は、きっとこの本がお役に立てると思いますので、このまま読み進めていただけると幸いです。

さて、話を戻します。

「上司から部下に惚れろ」というのには、理由があります。人間は、自ら好意を抱くよりも、自分に好意を持ってくれている相手のことを好きになりやすい傾向があります。これは、心理学で〝**好意の返報性**〟といわれるものです。もし、部下が上司のことをもっと知りたいと思ったとしても、部下から上司を食事に誘うことは相当勇気がいることですし、いつも忙しそうにしている上司に対して話しかけることすら気が引けて難しいでしょう。つまり、部下から上司に対して関係性を築くよう働きかけるのは、至難の業といえます。部下の特性を理解するためには、上司から働きかけるしかないのです。

だからといって、部下からの見返りを求めてはいけません。

ここでいう**〝見返り〟とは、部下から自分に対する好意**のこと。

人間なら、「嫌われたくない」「好かれたい」と思う気持ちがあって自然ですし、それが悪いというわけではありません。しかし、見返りを求めているうちは、上司であるあなたの部下に対する好意は、偽物であるといわざるを得ません。本当に部下のことを思って特性を理解し、部下の特性を生かしたいと行動できる時点で、自分に対する好意なんてどうでもよくなっているはずだからです。

あなたは自分の大切な人に対して、見返りを求めますか？

おそらく家族やパートナー、または愛犬でもいいでしょう。そうした人たちに、見返りを求めないはずです。部下も同じです。自分のことを理解し、サポートしてくれる人がいれば、自然に好意を抱き、心の距離も縮まっていくはずです。

「人経営」で重要となるのは、〝誰とやるか〟です。

僕の場合は、どれだけ儲かる事業をたくさん手掛けたとしても、嫌いな人や合わない人が部下だと、楽しくありません。好きな人たちと一緒に事業を育てていくことに喜びを感じますし、好きな人たちが成長していきいきと働き、社会に貢献してくれる姿を見ることに、経営者としての喜びを感じるからです。

大切なことなので、もう一度いいます。

上司と部下の関係性を築き、部下の特性を理解するためには、「上司から部下に惚れること」であり、上司から働きかけること、そして、「見返りを求めない」ことです。「人経営」で絶対に欠かせないのは、部下に対する愛。それ以外の何物でもないのです。

●人は勝手に育つもの！　従業員を育てようとするな！

部下の仕事ぶりを見て、「何であんなやり方をするんだろう」「こうすればもっと良くなるのに」と思ったとします。そんなとき、「もっとこうすればいいよ」と、アドバイスのつもりで伝えたはずが、何故か上手く伝わっていないことや、逆に部下を不機嫌にさせてしまった経験はありませんか？

部下に対する思いがあるほど、良くも悪くも関わり過ぎてしまうことがあります。

フロンティア・コバヤシでは、これまでたくさんの従業員を雇用してきましたが、何もいわなくても能動的に考えて動ける人もいれば、1から10まで説明すれば動いてくれる人、1から10まで説明しても動けない人など、さまざまでした。

例えば、「1から10までやれば終了」といった作業があるとしましょう。指示を出すとき、従業員に対して「1の作業をやってほしい」と伝えると、1から10まで進めてくれる人もいれば、同じように伝えても1だけで終わる人、または1の次は2ではなく、Bをしてしまう人もいます。

このとき、指示した側としては、「何でわからへんねん！」と思ってしまいがちですが、同じ言葉でも同じように受け取ってもらえるとは限りません。僕自身も、むしろ褒めているつもりなのに、部下に嫌味だと捉えられてしまった経験があります。しかし、これは相手の特性を理解せず、自分目線で伝えているからに過ぎませんでした。

「1から10までやれば終了」といった作業を、フロンティア・コバヤシの仕事で例えると、「商品車仕上げ」という作業になります。入社して一番初めに学ぶ仕事で、「仕上げは、車のボディもホイールも洗い、室内も除菌し、ブラシと掃除機でチリ一つないくらい綺麗にするもの」と、実践で指導します。そんな実践を数ヶ月積んだ従業員に対して、入庫した車をただ指差し、「この車を綺麗にしてほしい」と指示を出した場合、初めに教えた通りボディもホイールも洗い、室内も除菌し、ブラシと掃除機でチリ一つないくらい綺麗にしてくれるAさんに対して、洗車だけして「終わりました」というBさんもいます。

何故、二人の行動に、そんな違いがあるのでしょうか。

Aさんは、状況を把握するのが得意で、出勤してきたときに販売車が入庫していることに気づいているため、こちらの「綺麗にしてほしい」に、「商品車仕上げをしてほしい」といった意図があることまで伝わります。Bさんは、状況把握が苦手なので、「綺麗にしてほしい」と伝えるだけでは、どこまで綺麗にするのかが伝わりません。そのため、Bさんには「販売車が入ってきたから商品車仕上げをしてほしい」と指示することで、Bさんにこちらの意図が伝わり、しっかりと綺麗にしてくれます。この二人を育てようと、同じような指導をいくら続けても、意味がないことはご理解いただけるでしょうか。

それぞれの特性によって、指示の出し方を変えるのも、一つの方法です。しかし、この方法では、部下が多ければ多いほど、指示を出す側が疲弊してしまいます。

そこで、**特性によって、持ち場や役割を変える方法**を使います。

例えば、Aさんは、状況把握をして自ら考えて動くことが得意な反面、同じ作業が続いたり、忙しくなったりすると、雑になりやすい側面があります。Bさんは、状況把握が苦手で考えて動くことが苦手なものの、同じ作業を続けるのは得意で、一定のクオリティを保ち続けられるといった側面があります。この二人の持ち場や役割を変えることで、相互補完できるようにするのです。

これには、もし仮にBさんがAさんに対して劣等感を抱いていたとしても、Bさん独自の役割ができることで、能動的に技術を上げようと努力してくれる効果も期待できます。

どこで能動的になるのか? 何が得意で何が苦手なのか? **といった部下の特性を見極めていればいるほど、無理に育てようとしなくても、環境と役割といったきっかけをつくるだけで、人は勝手に育つものです。**

●〝貢献感〟が持つ、幸福とは?

「楽しく働きたい」と思う人はたくさんいると思います。しかし、具体的に「楽しく働くとは、どういうことか?」という質問をしても、明確に答えられる人は、少ないのではないでしょうか?

例えば、「仕事で自分は何もできていない、むしろ迷惑をかけることもあれば、誰の役にも立っていない」と実感しながら、会社の仲間で和気藹々と過ごすことは楽しいでしょうか？　おそらく多くの人が、心から楽しいと思えないはずです。

僕は、その理由として、**「楽しく働く」の〝楽しい〟には、〝貢献感〟が含まれているから**だと考えています。先述したように、〝貢献感〟とは、「自分は他人のために貢献できている」と、自分自身が実感できることを指します。貢献感を実感しながら働く中で〝幸福〟が生まれ、〝楽しい〟という感情が育つのではないでしょうか。

貢献感が持つ幸福には、自分の「価値」や「存在意義」の実感が内包されています。

これは、実際にあった僕自身の話です。

僕がまだ社会人になったばかりの頃、とにかく仕事が嫌いで、「休みの日のために働く」とまわりに宣言していたほど、仕事とプライベートを割り切っていました。そんな調子で働いていたので、仕事で充実感を得たこともなければ、貢献感なんてありません。

むしろ毎日が苦痛で仕方がなく、自分に価値を感じたこともありませんでした。

僕の転機は、無在庫スタイルの中古車販売店に営業マンとして勤めたことです。そこには、毎月粗利益60万円以上というノルマがあり、それを達成できなければ、上司から嫌味をいわれます。僕は、何よりも上司から嫌味をいわれることが悔しくて嫌だったので、休日も就業時間も関係なく、がむしゃらに仕事をしていました。その結果、ノルマを達成する月が続き、トップセールスになることができました。

そのとき、僕は初めて、「自分は、この会社にとって有益な人間なんだ」「自分は価値のある人間なんだ」と実感することができました。会社やお客様に対する貢献感が、自分の中に芽生えたのです。当時は、給与も安く、社会保険もなく、交通費も出してもらえなかったにも関わらず、毎日がものすごく充実していました。もちろんお金は大切ですが、お金以外の部分で〝日々の充実感〟と〝心が満たされるような幸福感〟を感じることができ、心の底から「仕事が楽しい！」と思えたのです。

僕は、間違っても、「時間外労働をさせましょう」とか「やりがい搾取をしましょう」

といいたいのではありません。事実、僕以外のほとんどの営業マンが、3ヶ月も経たないうちに辞めたり、精神面で苦しんだりしていたのを知っています。

繰り返しになりますが、同じ環境を与えれば、みんなが能動的主体性を発揮して貢献感を持てるかといえば、そうとは限りません。**適材適所**という言葉があるように、能動的主体性を発揮できる環境は、一人ひとりの特性によって異なるのです。その人の特性に合った役割や環境を与えることが、〝貢献感〟へと繋がります。そして、**自分だけの幸福に留まらず、他者や社会に与えることで、「ともに幸せになるしあわせ」という自分の枠を超えた利他的幸福を得てほしいと思うのです。**

★

本音で話せている!?

「こじらせ上司」にならないための小林語録③【関係編】

□「聞く」と「聴く」は違う。部下の話は、ちゃんと聴かなあかん。

□部下に頭を下げたり助けてもらうことは、恥ずかしいことちゃうねん。

□部下との会話の中に、「〜べき」って、やたらと入ってへん？

□そもそも部下に興味が持てない上司は、管理職辞めた方がええ。

□部下の自分に対する好意という「見返り」は、要らん！

第4章

貢献感を持って
いきいきと働ける
"環境づくり"

●人が嫌いでもいい。でも、雇用はするな！

僕は、これまで何千人もの経営者にお会いしてきましたが、大半の経営者の方が持つ悩みというのは、お金のことよりも人（部下）に関することでした。僕は、人好きな方ですが、「他人は信用できない」という経営者の方もいらっしゃいます。

「人を信用できないから雇わない」というのは、その経営者の考え方に沿っているので、それも一つのカタチだと理解できます。しかし、人が嫌いなのに人を雇用している経営者もいます。これは、あくまでも僕なりの考えですが、**人が嫌いなら人を雇用しない方がいい**、むしろ、**人嫌いなら人を雇用してはいけない**と思うのです。あなたが部下なら、自分に好意を抱いていない、または信用してくれていない上司の元で、働きたいと思いますか？　人の好き嫌いは、相手に伝わるものです。そんな関係性が最悪な環境下で、良い仕事ができるとは到底思えません。

その場合、外注として契約を結ぶのも、一つの方法です。しかし、**部下として信用で**

きないことと、**外注（取引業者）として信用できない**ことは、イコールではないことを理解しておかなければいけません。

例えば、あなたが経営者で、Ａさんを部下として雇用した場合、Ａさんのミスはあなたの責任になります。また、Ａさんが嘘をついた場合も、あなたの責任になります。それを避けるために、自社の外注先としてＡさんと業務委託契約を結べば、人を雇用しなくても仕事ができます。

ただし、「その人（Ａさん）がいないと回らない仕事」で業務委託契約を結ぶことは、注意が必要です。Ａさん側に何か不手際が発覚した場合、あなたも仕事を続けることすら難しくなってしまうかもしれません。そうならないために、**他に外注先をつくること**。そして、**何かあった際の責任の所在を明確にしておくこと**。従業員であるなしに関わらず、一人の技術やキャラクターに頼った経営は、何かあった際にいとも簡単に崩れます。そうならないように、仕事の入り口と出口は自社にしておくなど、自社のソフト（従業員や文化）を緻密に築いておくことが必要となります。

●人を採用するときの、「バカ」の見分け方

人が好きで、人を雇用したい経営者は、面接で人を見極めて採用していきます。しかし、**面接で人を見抜くことは、ほぼ不可能**といっていいでしょう。

「面接では、わからない」という経営者の声をよく耳にしますが、確実に、「あ、この人無理だな」という人は存在します。僕の場合は、基本的に応募者が入室してきた時点で、結果が決まることが多いです。それは感覚的なものなので、言葉にするのは難しいのですが…。ただ、「時間に遅れる」「清潔感がない」といった当たり前のことを除き、言葉は悪いですが、話した瞬間にわかる**採用してはいけない「バカ」の見分け方**（見分けるほどでもないですが）があります。

①異常に自己評価が高い人

3章でも書いた「『絶対』を多用する人」とも重なるのですが、これといったキャリ

アがないにも関わらず、**異常に自己評価が高い人は**、ノリと勢いで行動する人が多く、200％といっていいほど仕事ができません。自信を持つことは良いことですが、異常に自己評価が高い人で、成果を出せた人を僕は一人も知りません。

②一貫性が無い人

これまでの**キャリアにバラつきがある人や、退職した理由と会社を選んだ理由に一貫性が無い人**など、言動に矛盾がある人です。そのときによって、意見が変わるので、信用できません。

③話の長い人

プレゼンをしてもらうと、長々と話し続ける人です。自分の特技や考え方、長所を伝えたい気持ちはわかりますが、**自分のことばかり延々と話し続ける人は、相手の視点に立って考えることができない人**。つまり、想像力がなく、思いやりに欠けるため接客業には向いていないと判断しています。

④ＳＮＳの情報を鵜呑みにしている人

ＹｏｕＴｕｂｅやＩｎｓｔａｇｒａｍなどで得た情報をそのまま鵜呑みにしている人は、物事を多角的に見ることができません。ＳＮＳは、さまざまな分野での学びを得ることはできますが、あくまでもエンタメ。それらを鵜呑みにしているということは、自分で思考できないという証拠。言い換えると「素直」ですが、バカであることに変わりはありません。

⑤聞いていないのに自分の話をする人

こちらが話した内容について、**質問していないのに「私は～」と自分の話をする人**は、無自覚にマウントを取ったり自分の価値観を相手に押し付けたりしがちな人が多いです。やたら**知識をひけらかす人**も、この部類。この手の人は、一見自信がありそうでも無価値観が強く、想像力や思いやりにも欠ける人が多いため、チームの仲間として働くと輪を乱す存在になり兼ねないので雇用しません。

これらは完全なる僕の主観ですが、この手の人を採用して上手くいったことはありません。そもそも、採用した僕に責任がありますが（苦笑）。
「採用する側あるある」かもしれませんが、**面接官は面接に来てくれた人のことを美化してしまいがち**です。人を雇用するのが難しい今、「いい人であってほしい」と願っているからこそ、そう思うのは当然かもしれません。まさに僕自身もそうした願いから、面接をした相手に〝バカの特徴〟が見えたとしても、「話をしてみるといい感じの人だし、大丈夫だろう」と思い採用した結果、上手くいきませんでした。

もちろん相手ばかりが悪いといいたいわけではありませんが、**世の中にはマネジメントするにも〝どうしても成長しない人〟や〝合わない人〟が存在します。そんな人に、時間や労力を割くことは、経営者として得策ではありません。**

●大企業と無駄に喧嘩する会社になりたいのか?

多くの大企業が、2024年度からの賃上げを実施すると発表しています。初任給で10%引き上げ、通常の昇給でも平均16%も引き上げる企業が増えてきています。その理由として、**採用市場での競争力維持**が挙げられます。

毎年同じ売上と利益率のまま、給与を上げ続け、人件費という固定費が増え続ければ、企業は先細りして当然です。

しかし、企業が生き残っていくためには、売上、利益率ともに上げ続けていくしかありません。それはそれで生産性が向上し、経済が活性化するのは良い面かもしれません。しかし、採用市場で勝つために、中小零細企業が毎年給与を大幅に上げ続けることは極めて難しく、死活問題です。今後、堪えきれなくなった企業が、耳を疑うような問題を起こしたり、上からの圧力で精神的に病む人が増えたりすることも、容易に想像できます。もはや、経済の活性化ではなく、稼いだ者勝ち状態ともいえます。

僕も求人を出すものの、応募があっても面接に来ない人もいれば、面接に来ても「バカ」だった…というケースが多く、応募者の質が年々酷くなっているように感じます。しかし、人口は減り、働き手が減っているので、当然といえば当然の流れです。

その中で、「僕たちのような、**中小零細企業はどのように生き残っていくのか？**」という課題に直面するわけですが、見渡せば、大企業と同じように給与を引き上げ、待遇面を良くすることで新たな人材を雇用しようと躍起になっている中小零細企業が増えているように感じ、「おいおい、本当にそれでいいのか？」といいたくなります（笑）。僕は、「待遇を良くしてはいけない」といいたいのではなく、**「大企業と同じように待遇を良くし続け、採用市場という超激戦区で自分たちよりも大幅に資本が上回る大企業と喧嘩をして勝てると思っているのか」**といいたいのです。

人を採用し続けなければならない状況というのは、事業拡大を目指し、事業ありきのスタイルで経営しているからだともいえるでしょう。

事業拡大が悪いわけではなく、事業ありきのやり方で経営を進めていくと、必ず人手が必要となります。そうなると、大企業と喧嘩して勝ち続けなければ、事業を伸ばし続けることはおろか、事業が上手く回らなくなり、企業の信用を落としかねない状況にすらなってしまいます。そうならないためにも、僕たちのような中小零細企業は、人を採用し続けなければならない状況から脱却する必要性に迫られていると思うのです。

そんな経営から脱却するためにも、非常に有効となるのが「人経営」です。

「人経営」は、人ありきであり、人が持つ特性を生かすことで経営を伸ばしていくというやり方です。事業ありきのように、一つの事業に固執し、事業の拡大に合わせて人を雇用し、事業を伸ばすのではなく、従業員の特性に合ったスモールビジネスをたくさん展開していくことで、経営が伸び、万が一コロナのような脅威に見舞われても、経営が安定しやすくなるという考え方です。

採用市場での競争が激しくなり始めている今こそ、中小零細企業は「人経営」に切り替え、大企業と喧嘩をすることなく、独自の世界観で経営を伸ばすことができるのです。

●日本の高度経済成長期のやり方が、社内で通用するのか?

これからの中小零細企業は、事業ありきではなく、人ありきで事業を進めていく「人経営」が適していると考えます。では、**日本の高度経済成長期のやり方で成長を続けてきた企業には、「人経営」は通用しないのか?** 実は、そんなことはありません。

創業40年ほどの歴史ある企業で、現在幹部を務めるHさんが、愛車のメンテナンスでご来店くださった際のこと。いつもは明るく、会社愛が非常に強いHさんですが、**「小林さん、社長の在り方って、何が正しいんですかね? 小林さんなりの考えをお聴かせいただけませんか?」**と、突然深刻な表情で尋ねられました。

Hさんの会社の社長は、昼から出勤してきても夕方には会社を出ることが多く、そんな社長の様子を見てきたHさんの部下たちは、不信感を持つようになりました。

部下から、「うちの社長って、普段何をしているんですか?」と尋ねられるようになり、その度に、「社長はいろいろとやることが多くて、大変なんや」と返しているものの、Hさん自身も社長が何をしているのか知らず、違和感を持っていたそうです。

Hさんは、先代社長の頃から働いてきた創業メンバーです。入社した当時、従業員十数名ほどの小さな会社だったそうですが、今では全国に支店を構え、事業を大幅に拡大。従業員も100名以上となり、コロナで大打撃を受けたものの、現在は二代目社長のもと、一時期落ち込んだ売上を再び伸ばされているそうです。

「当時は、今よりお給料も低かったけれど、社長と従業員のみんなが一つのチームとして働き、一体感があって楽しかった」と語るHさん。従業員みんなが能動的で、社長との距離も近く、どれだけ辛いことがあってもみんなで乗り越え、達成感と充実感を得ることができていたそうです。しかし、今の社長は売上を伸ばすことに重きを置き、コスト削減と利益率を上げる話ばかりで、仕事が楽しくなくなり、退職しようか悩んでいるのだと打ち明けてくださったのです。

Hさんのお話をお聴きして、僕自身は、**「経営者としての正解はない」と思いました。**

何故なら、Hさんの勤める会社は、売上を60億円ほどに伸ばされており、数字的な部分では素晴らしいとしか、言い様がなかったからです。

では、何故Hさんは苦しんでおられるのでしょうか。もし、社長が普段何をしているかをHさんがわかっていれば、「社長の在り方って、何が正しいのか？」という疑問すらも出なかったはずです。実際、Hさんは普段から社長と話をしておらず、会う機会も少ないとのことでした。僕は、Hさん自身も、寂しいのではないかと感じました。

「もし、社長が、『良い商品がつくれてお客様に喜んでいただけているのは、Hさんがいつも現場を指揮してくれているおかげだよ。いつもありがとう』と労ってくれたら、どうですか？」

Hさんは、少し視線をそらし、目に涙を浮かべながら、「それは…、絶対に違いますね」と答えられました。

結局は、「うちの社長は、売上至上主義云々…」よりも、コミュニケーションの機会がなくなっていることが原因で、現場で働く従業員の気持ちを、経営者自身が理解できていないのだろうと感じました。

部下にとって、**経営者もしくは直属の上司が、自分のことをちゃんと見てくれているのか**は、重要なポイントです。そして、**売上を伸ばす目的が経営者のエゴではなく、従業員たちが能動的主体者となる経営ができているのか**、これは、どの企業にとっても重要なことではないでしょうか。

売上を伸ばすことなんて、従業員の立場からすれば、正直どうでもいいんです。
売上や利益は伸ばすものではなく、従業員が能動的になり、自分事として事業に取り組んでくれるようになれば、売上も利益も結果的に伸びていくのです。

そんなことよりも、従業員たちが自分の存在意義や価値を感じ、心豊かに働けることが一番大切だと思います。どんな大企業・老舗企業も、これからは高度経済成長期のような事業ありきのトップダウンなやり方ではなく、「人経営」の時代になっていくのかもしれないと、僕自身も考えさせられた出来事でした。

●「従業員の幸せ」といいながら、従業員を疲弊させていないか？

「従業員の幸せのために」と謳う、経営者の方は多いです。

しかし、以前の僕のように〝従業員の幸せの定義〟を、経営者自身が決めつけてしまっている経営者・上司が多いのも事実です。

企業である以上、利益追求することは当然ですし、悪いことではありません。むしろ、正しい商いで利益を上げていくことは、立派な社会貢献になります。僕は、**「みんなが豊かになるために利益を追求しよう！」と、耳障りの良い言葉で従業員にノルマを課したり、朝礼で従業員に対して一方的に圧力をかけたりしながら利益追求するといった行為は、**従業員のためではなく、ただただ従業員を駒のように使い、疲弊させているだけにしか思えないのです。そこに、従業員に幸せになってもらいたいという思いがあったとしてもです。経営者が従業員のために頑張っているつもりでも、角度を変えて見れば、従業員が経営者のエゴの犠牲者になっているとも捉えられます。

従業員は、人によって価値観が違えば、幸せの基準も異なります。にも関わらず、従業員に対する思いが強い経営者ほど高い目標を掲げ、利益を追求します。その最大の原因が、「一人ひとりと向き合っていないこと」にあると思うのです。

こんなことをいうと、「成果を上げない従業員には、プレッシャーをかけなければ動かないから仕方がない」と思う方が、いるかもしれませんね。でも、何度も申し上げますが、それは**あなたが部下と向き合えていないから**です。

もし、「これでもか！」というほど向き合う努力をしても、能動的にならない部下がいるのであれば、今一度**「あなた自身が、本当にその部下と付き合いたいのか」と考え、それを一つの判断基準にしてみることをお勧めします。**これまで散々、部下との向き合い方についてお伝えしてきましたが、経営者も人間です。**合わない人に、無理に合わせる必要はありません。上司だって、人間です。わざわざ合わない人に合わせて、あなたが疲弊する必要はありませんし、それによって部下を疲弊させることもないのです。**

●従業員の〝貢献感〟を見つけられる環境とは？

従業員の幸福感も多様な中で、部下一人ひとりの貢献感を見つけるのは、至難の業だといえます。

貢献感を見つけるための第一段階は、特性を知ることだと述べました。

貢献感を見つけるための第二段階は、環境づくりになります。

貢献感を見つけられる環境とは、緩さのある環境です。「上司がいうことは絶対」「ノルマを達成しなければ厳しく詰め寄られる」といったトップダウンの経営や、ノルマやルールでガチガチに縛り過ぎた環境では、貢献感どころか能動的にさえなれるはずがありません。

そして、「あなたはこれだけやってくれればいい」というように、**役割を完全に決め**

てしまうことや、その逆で「臨機応変に動いてほしい」を求めるのもご法度です。何故なら、「これだけやってくれればいい」は、能動性を発動させませんし、「臨機応変に動いてほしい」も、その人の特性に合っておらず、部下もどう動いていいかがわからず、きっと生きた心地がしないでしょう…。そんな環境下では、貢献感を見つけることは不可能です。

〝緩さ〟とは、「何でも自由にさせる」という意味ではありません。部下たちが、自分の意見をいえる風通しの良い緩さであり、注意や叱ることよりも、認めて、褒めて、感謝することで、「自分はここにいていいんだ」「必要とされているんだ」と実感できる、安心感のある居心地の良い環境です。

そして最後に、**貢献感を見つけるための第三段階として、とにかく試してみること。**貢献感を見つけるためには、さまざまな役割を与えたり、接し方を変えてみたりするなど、ある程度の試行錯誤が必要です。

「結局は、数打たなければわからないんじゃないか！」と思われるかもしれませんが、それは違います。各々の特性が見えてくれば、その人なりの「楽しい」「うれしい」や、「苦手」「嫌なこと」がわかってくるため、まったく合わないといった大ハズレになることは、まずありません。ただ、部下が本当に貢献感を実感できているのか、いろいろと試しながら反応を見ていくことも、上司の大切な仕事だと思います。

裏切られてばかり!?

「孤独な上司」にならないための小林語録④【採用編】

□ 人が嫌いなら、そもそも人なんて雇ったらあかん!

□ 面接で良い人材かはわかれへんから、ヤバい「バカ」だけ省いたらええ。

□ 面接に来た人を、上司の立場から都合良く美化してへん?

□ 大手企業と同じことして人を集めても、大手に勝てるわけないやん!

□ 売上を伸ばす目的が、経営者のエゴになってへんか?

□ 「従業員の幸せ」といいながら、従業員が疲弊しとるのに気づいてないやん!

第5章

売上よりも可能性。「事業」ではなく「人」に"投資"せよ！

●何故「事業」ではなく「人経営」なのか？

ここまで散々、「事業経営」よりも、「人経営」が大切だとお伝えしてきました。
僕がそう確信する理由は、大きく五つあります。

一つ目は、**「円滑なマネジメント」**です。
これはもうシンプルに、**マネジメントがやりやすくなる**という点です。部下にとって、会社が大切な場所になり、上司のあなたのことが特別な存在になります。また、部下の特性を理解し、それを生かそうとすることで、能動的に働いてもらえるので、退職者を減らすことにもなり、人手不足の解消にも繋がります。

二つ目は**「収益の向上」**です。
部下が能動的主体性を発揮すれば、自ら創意工夫してくれるようになり、**生産性は向上し、収益も上がります**。与えられた仕事をただこなすだけの受動的な仕事ぶりではなく、能動的主体となるだけで新たな気づきも生まれ、これまでの仕事がより円滑になる可能性も秘めています。

三つ目は、**「リスク分散」**です。

誰も予想できない事態が起きた場合、一つの事業に依存していては、極めて危険です。さらに、事業ありきの経営を行っていると、コロナのような外的要因が起きた場合、対処しようとするのは経営者や幹部であり、一般の従業員は、なかなか動くことができません。

しかし、人を軸に置いた経営をしていると、従業員一人ひとりが自分事と捉えて動いてくれます。**従業員の特性を生かしたスモールビジネスを会社がバックアップできる体制があれば、大きなリスクを分散することが可能です。**

また、それぞれの特性がつくり出した文化には、ファンが付きます。ファンがいることで運営が成り立っているため、ダメージを受けても、完全にコケることはありません。仮にダメージを受けても、別の活路を見出し、立て直しがしやすくなります。

四つ目は、**「競争がなくなる」**です。

事業ありきの経営では、パッケージやサービス内容、価格といったハード面で他社との差別化を図り、競い合います。上手くいった事業のアイデアがハード面にあった場合、大手にパクられることはよくある話です。

「人経営」は、**内部の人たちがつくる文化であり、ソフト面が独自の魅力になるため、そもそも競合しなくなります。**他社を蹴落として自社を伸ばしていくような世界ではなく、競争のない世界での商いが可能となります。

五つ目は、**「ともに幸せになれる」**です。

従業員と向き合い、特性を理解し、それを生かす環境と実践をつくることで、従業員と「ともに幸せになれる」ことを実感できるようになります。**「ともに幸せになれる」という〝幸福〟を手にすることが「人経営」の醍醐味**であり、一番大きな意味があるといってもいいでしょう。

●「人経営」に欠かせない精緻な取り組み

事業ではなく、部下の特性に合わせて事業を展開していく「人経営」。ここで気を付けたいのは、どれだけ部下との関係性ができていても、**「これくらいでいいや」と思った瞬間から関係性は崩れ始めるということです。** また、事業が軌道に乗れば事業に対する欲も出てくるのが人間の性。しかし、必要以上の欲は、事業だけでなく、会社そのものを滅ぼしかねません。そうならないためにも、**精緻《せいち》な取り組み**が必要となります。

ここからは、僕が「人経営」に取り組んでいくうえで、大事にしていることです。

①とらわれないこと(問いを持つこと)

何かしらの組織(コミュニティ)に所属していると、そこには自分一人ではなく他者との共存があります。そこで必ず出てくる問題が、**価値観の相違による物事の進め方**です。

右に行くのか左に行くのか、上に行くのか下に行くのか、はたまた動かないのか、十人いれば十通り選択肢があってもおかしくありません。家族でも意見がわかれるのに、他人となれば選択肢は違って当然です。そこで、自分の意見を通すために、各々が自分なりの正義を持ってぶつかり合うわけですが、そうした摩擦によって精神的に苦しくなります。そうなると、その世界がまるですべてであるかのように、視野が狭くなってしまうのはよくあることです。

例えば、お客様に貸し出す修理時の代車（レンタカー）。代車を用意するには、車輌代はもちろん、メンテナンス費用、保険代がかかります。にも関わらず、これまでの車業界では、代車を無料で貸し出すことが常識でした。僕自身も、「代車は無料が当たり前」という常識に問いを持たず、その常識にとらわれて疲弊してきたのです。

約10年前、違和感を持った僕は、「修理時の代車が無料なのはおかしい！」と問いを立て、代車を有料にすることをブログに書きました。その記事が、SNSで1万件近くシェアされ、ブログのPV数も跳ね上がったのです。そして今、その記事が影響を与えたわけではないかもしれませんが、少なからず僕のまわりのお店では代車（レンタカー）

は有料化する流れとなり、故障時の修理代車を有料にする取り組みは、大阪だけでなく関東や中国地方にも拡がっています。

業界の常識や、コミュニティの世界観に対して問いを持つことで、とらわれない視点を養うことができます。特に上司的な立場にある人であれば、小さな世界にとらわれ、物事を大局的に見ることができなければ、守りたい大切な人たちを守ることなんてできないと、僕は思います。

悩んだときは何かにとらわれず、「間違っていないだろうか」「決めつけていないだろうか」と、俯瞰《ふかん》する。そして、問いを立てることで、大局的に物事を見る習慣を身に付けていくことが大切です。

②自分視点（価値観）で見ない

従業員に、**「経営者視点を持ってほしい」**と願うこと、これは経営者あるあるです。

上司が、自分視点で部下を見てしまった時点で、**雇用者**と**被雇用者**の関係となり、一種の壁のようなものができてしまいます。

「経営者は、経営者らしくいなければいけない」「部下に舐められてはいけない」という人もいますが、それは関係性ができていない人の話。**経営者視点で、経営者にとって都合の良いように部下を動かそうとしていては、物事を同じ視点で見て感じ合うことなんて絶対に無理です。**

フロンティア・コバヤシには、数名のパートスタッフが在籍しています。その仕事内容を大きく分けると、車を綺麗にする「商品車仕上げ」、名義変更などの手続きを行う「事務」、日々メンテナンスでお越しくださったお客様の車を綺麗にする「洗車」、お客様から車検でお預かりしている点検を終えた車を陸運局まで乗っていき、車検の検査ラインを通す「車検に走る」の四つになります。

パートスタッフには、基本的にすべての仕事を行っていただくのですが、どうしても「商品車仕上げ」と「事務」が苦手だというAさんがいました。彼女は、週4～5日の勤務でしたが、商品車を隅々まで綺麗にすることができず、絶対に間違ってはいけない書類を間違い、ほぼ毎日のように他のスタッフから注意を受けていました。

Aさんは、決してやる気がないわけではなく、やる気はあるものの、問いを立てるのが苦手なため、同じミスを繰り返してしまうのです。こうした場合、同じミスをしないように指導したり、本人に改善策を考えてもらったりすることが一般的だと思います。しかし、非常に明るいAさんが、日に日に元気がなくなっていくのを見て、僕は、それを課すのはあまりに酷だと思いました。そこで、「週に1日、Aさんの得意な仕事である洗車と車検の仕事だけするのはどうかな?」と、提案しました。

「社長、是非それでお願いします! ミスばかりして申し訳なく、毎日辛くて、もう辞めようかと思っていました。でも、ここが大好きなので辞めたくないし、すごく悩んでいたんです。こんな自分でも大切にしてくださって、すごくうれしいです。」

と、彼女は喜んでくれました。

ここだけ見ると、「小林は、都合良くAさんを切っただけじゃないか!」と思う人もいるかもしれません。実際に、「社長、Aさんが週1日になるって、どういうことですか⁉」といってきたスタッフがいました。そのスタッフは、「日数を減らす＝必要ないこと」だと受け取り、「自分なら嫌だ」と僕に詰め寄ってきたのです。

僕は、Aさんの特性を理解したうえで、悩みに悩んで彼女にとって最良の方法を考えたつもりです。何故なら、彼女の洗車の精度やスピード、車検に関する仕事も、他のスタッフ以上のパフォーマンスを発揮していたからです。何より、Aさん自身が、「洗車、すごく好きです〜！」と楽しんでくれていました。しかし、事務と商品車仕上げだけは、どうしても合わなかったのです。

彼女に合わない仕事を無理にやらせて伸ばそうとするのは、「これがあなたの幸せ」だと押し付けているようにしか思えません。いや、むしろそうした押し付けが、間違った正義を生み出しているとさえ思うのです。実際にAさんは、今も週1日、フロンティア・コバヤシで好きな仕事をして、とても楽しんでくれています。

経営者や上司ほど自分の価値観で見るのではなく、部下の特性を理解したうえで、一番の理解者であり、応援団であることが大切なのです。

③「大きくしよう」としない

僕は、「事業を大きくしてはいけない」といいたいのではありません。**「事業を大きくしようとしてはいけない」**と、僕はいいたいのです。

経営者であれば、事業を大きくしたいという欲が湧いてくるのは当然です。しかし、事業を大きくして、集客に力を入れたり多店舗展開したりすることで、それに比例して従業員の数が増え、規模も大きくなっていきます。今は人手不足のため、簡単にいい人材は雇用できません。そんな中で規模だけが大きくなると、本来のクオリティを保つことが難しくなります。

かつてのフロンティア・コバヤシは、在庫を増やし、集客に力を入れればお客様が溢れ、その溢れたお客様に対してきっちり対応できるようにと従業員を増やしました。今度は場所が足らなくなり、大きな店舗に引っ越し、さらに在庫と従業員を増やします。そうなると、本来大切にしていた「お客様との関わり」が希薄になります。

規模を無理に大きくしようとして、従業員の余裕もなくなっていきます。社内のコミュニケーションの質が下がり、従業員間で連携が取れなくなり、些細なことで確執が生まれます。そして、結果的にミスやトラブルが増え、お客様からの信頼を落とし、信用を失うことに繋がるのです。

僕は、大きくなることを否定しているわけではありません。**自然と事業が大きくなることは、素晴らしいことだと思っています。事業が大きくなるということは、それだけお客様に必要とされているということ。**お客様が、「もっと、他の人にも知ってもらいたい」といった気持ちで自分事として捉え、**まるで従業員や身内のように、一緒に経営を考えてくださっている状態だといえます。**

「経営者が事業を大きくしようとする」のは、まさにその逆。「大きくなる」のは自然で、「大きくする」のは不自然なのです。

④距離感を合わせる

重要です。

「人経営」では、部下にとって一番反応が良い、最適な距離感を掴んでいただくことが

部下の中には、上司といろいろ話をしたい人もいれば、上司と話をするのは必要最低限でいいと思う人もいます。もちろん、できる限りコミュニケーションは取った方がいいのですが、毎日話すことが、逆にストレスやプレッシャーになる人もいるのです。その距離感を掴まずに、すべての部下に対して「できる限り、一緒にガッチリやろう」と歩み寄ると、お互いにとって良くない結果になってしまいがちです。

とはいえ、**それは「相手の求める距離感で関わる」という意味ではありません。**

少し極端な例ではありますが、これまで、知人から「フロンティア・コバヤシで働きたい」といっていただけることが、何度かありました。正直、今の関係性が崩れるのではという不安もありましたが、どれだけ「うちは大変ですよ」と伝えても、「大丈夫！」「それでも働きたい！」といっていただける気持ちがうれしかったので、数名採用させ

ていただきました。しかし、必ずといっていいほど、そういう人たちとは関係性が悪化し、退職していかれました。

今回は、上司と部下についての距離感の話ですが、こうした例のように、仲が良いから大丈夫というものでもなければ、相手が求めている通りにすれば上手くいくというわけでもありません。

距離感とは、無意識下で心地良さを感じたり、ストレスを感じたりするものです。すぐに良い距離感を掴むのは、難しいでしょう。しかし、**無意識だからこそ、上司は部下との距離感を、いろいろと試すことができます。**そして、特性を理解すればするほど、部下から見た自分（上司）に対する距離感も、人それぞれ異なることがわかってくるはずです。

⑤課題からの問題意識を掘り下げる

人は、問題意識を抱えながら生きています。

例えば、「従業員がいうことを聞いてくれない」「お金がない」といったことも問題意識です。

そうした問題意識が、「従業員にいうことを聞かせる」「お金をつくる」といった課題をつくり出し、その課題解決に向けて人は躍起になります。しかし、課題解決に追われてばかりいては、いつまで経ってもまた新たな課題が出てくる一方…。問題意識が課題を生み出し、課題解決に追われるという構造です。

先程の例でいうと、「従業員がいうことを聞いてくれない」という問題意識の場合、無意識に「従業員にいうことを聞かせる」という課題をつくり出します。しかし、**ここで重要なのは、「そもそも、その課題は何故生まれたのか？」という視点で掘り下げていくことです。**

もう一つの事例として、再び車業界の「代車の有料化」について取り上げます。

これは元々、無料で代車を貸し出していた影響から、代車が足りないという事態に陥ったことがきっかけでした。お客様からも、「必要なときに代車がない車屋なんておかしい！」といわれて、僕は焦っていました。この問題に対して、「代車が足りない」という課題が生まれ、その課題の解決策は「代車を増やす」でした。

しかし、「代車が足りない」という課題に対して、「僕自身はどうして焦っているのか？」という視点で掘り下げていくと、結局は「お客様が困るから」であり、「お客様が困るからといって、自分たちが疲弊していては意味がないのではないか？」という問いが生まれたのです。そこから、「何故修理代しかいただいていないのに、無料で代車を出す必要があるのだろう？」という思いが芽生え、結果的に「代車を増やす」のではなく、「代車を有料にする」といった答えに行きつきました。

経営をしていると、さまざまなトラブルや問題が起こります。そうしたときこそ、課題解決に追われていては、とてもじゃないですが「人経営」といって向き合う時間も余裕もなくなります。課題解決に追われないよう、**課題からの問題意識を掘り下げ、その原因となる一点を見つけて、最適な答えを探していきましょう。**

●人が好きな「女性スタッフ」の新たな可能性

フロンティア・コバヤシには、Ｉさんという女性スタッフがいました。彼女の最大の特性は、〝人好き〟だということでした。僕は、彼女の人懐っこさや思いやりのある人間性を見て、「営業職をしてみないか」と提案しました。

営業職の仕事は、在庫車の販売になるので、車の知識が必要です。当初は、「車のことなんてわからないですし、私に営業なんて無理です！」と断固拒否していましたが、僕は、「車の知識はなくても、Ｉさんなら売れるから大丈夫」と、半ば強引に営業をやらせることにしました。営業職をすることで、彼女の特性が生かされると思ったからです。

すると、僕の予想通り、いや、予想以上にお客様からの評判が良く、「全然買う気はなかったけど、Ｉさんならお願いしたい」と車を購入してくださる方や、在庫がない車でも、「Ｉさんから買いたいので注文したい」といってくださる方が増えました。その結果、わずか1年足らずで、当時お店全体で販売していた車の台数の約半分を販売するほどの営業マンになったのです。

彼女が販売できた理由として挙げられるのは、行き過ぎるほどのお客様目線と責任感です。お客様からすれば、まるで自分事のように考えてくれるIさんから信頼感と安心感を得て、「この人から買おう」と思っていただけたのだと思います。

彼女のこうした姿勢をひっくるめて、僕は「背負っている感」と表現します。これは、お客様のことや会社のことを自分事として捉え、能動的主体性を持って取り組む人を意味する言葉であり、Iさんには「背負っている感」があったのです。ただ、「人懐っこい」だけや「楽しく話をする」だけでは、「あなたから買いたい」といわれる人にはなれません。

さらに、彼女にはもう一つ驚かされたことがありました。

フロンティア・コバヤシには、お子様連れのお客様のご来店も多いのですが、親がどんなにあやしても泣き止まない子どもも、Iさんが対応すると不思議と泣き止んで笑顔になるのです。そして、子どもと関わっているときのＩさんの表情が、とてもいきいきしていたのが、非常に印象的でした。Ｉさんが営業を始めて1年が経過した頃には、「息子がＩさんに会いたいというので、点検に来ました」「Ｉさん、うちの子どもと遊んでいただけませんか？」と、お子様連れのお客様の組数や来店頻度が増えたのです。

僕はよく、**「集客をしているうちは偽物。自然に集まってこそ本物だ」**と、従業員に話しています。「集める集客」ではなく、「集まる集客」ができるようになれば、何をやっても上手くいくという確信があるからです。

まさに、Ｉさんのまわりには自然に人が集まり、「集まる集客」を体現していたのです。そのとき、改めて「何をするか（何屋か）」ではなく、人が先なのだと実感しました。

●人に〝投資〟することで拡がった事業領域

フロンティア・コバヤシは、**大阪府和泉市**にあります。

2017〜2018年頃の和泉市には、子どもたちが遊べるような場所が、まだまだ少ない状況でした。

そのような背景から、僕は、「車屋というカテゴリに縛られず、子どもたちが遊べて、親もくつろげるようなアスレチックとカフェを融合させたようなものをつくれないか」と考えていました。

もし、それが可能になれば、Iさんに任せたいと思っていました。

Iさんの特性を生かし、きっと彼女にいきいきと働いてもらえる。お客様にも気兼ねなく来ていただくことができ、社会貢献になると考えたからです。

ある日、そんな僕の願望を知ったお客様から、**「企業主導型保育事業」**について教えていただく機会がありました。

当時の和泉市は、2014年に全国の市町村の中で成長力が第4位(東洋経済『都市データパック2014年版』より)になり、その後も商業施設や住宅が増え、急激に人口が増加したことで、待機児童の多い地域となっていました。僕は、「これだ!」と思い、すぐさまIさんに「保育園をやろう!」と声をかけました。Iさんは、「急に何をいい出すんですか! 私も社長も保育園で働いた経験もないのに、保育園どころか保育士をすることすら無理ですよ!!」と猛反対。そりゃ、そうなります。

しかし、僕は彼女に聴きました。

「もし保育園をやるとしたら、どんな保育園がいいと思う?」

「そうですね…、少人数で、一人ひとりしっかりと関われる保育園がいいですね」

「自園調理で、調理風景を見せることで、子どもたちが五感で感じることができればいいですね。外で遊んで帰ってきたときに、いい匂いがしていたらものすごく食欲が湧くと思うんです! 子どもたちの好き嫌いを無くすことよりも、みんなと一緒に楽しくおいしく食べられることの方が大切だと思うんです!」

「地域の人たちや農家さんと関わることで、地域と一緒に子育てができるような、地域との繋がりを大切にした保育園が理想です」
「子どもたちはもちろん、関わってくれる先生の個性を生かした保育ができれば…」と、猛反対していたのに、次から次へと出るわ出るわ（笑）。Ｉさんの思いが、グワーッと溢れて、止まらないのです。そして、その話をしているＩさんの表情は、とても楽しそうで、目をキラキラ輝かせていました。

そして、そんなＩさんの表情を見ながら、僕は感じたことのない喜びと可能性にワクワクして、鳥肌が止まらなくなりました。この瞬間、彼女が何といおうが、僕は保育園をやると決めました。

決意はしたものの、保育園をやるためには、まず保育園の場所を押さえたうえで申請をし、その申請が通らなければいけません。それに、保育士や栄養士、事務員など、規定に沿った従業員を新たに雇用する必要があったのです。そんな人材に、心当たりもありません。そして、何よりも、保育事業に投資するほどの資金もありませんでした。

それでも僕は、「やるべくしてやるものだから、絶対にできる」と信じ、周囲の人たちにも保育園のことを話しました。「Iさんならできますよ!」といったお声をたくさん頂戴しましたが、当のIさんは前のめりではなく、「私には無理です。絶対やりません!」の一点張り。しかし、僕はすぐに、物件探しに着手しました。

ここでも、半ば無理矢理にIさんを連れて和泉市内の物件を見て回りましたが、なかなか良い物件は出てきません。その状況が何ヶ月か続き、さすがに不動産屋さんからもさじを投げられ、僕もとうとう諦めかけていました。すると、突然Iさんから、「社長!良い物件が見つかりました!」と、電話が入ったのです。

僕は、まさか彼女が物件探しをしているなんて思ってもいませんでした。そのことに驚いて、何も答えられずにいた僕に、Iさんはいいます。

「良い物件だったので、不動産屋さんに電話をして押さえてほしいと伝えました!とにかく、一緒に見に行ってください!」

その彼女の声と口調は、まるで宝物を見つけたかのようでした。

実は、彼女自身、自分の可能性を信じることができなかったものの、周囲の人たちがIさんの可能性を信じ、それを伝えていたことで、「みんなの期待に応えたい」という気持ちと、「応えられるかもしれない」という気持ちが芽生え始めていたのです。さらに、保育のことを考えることで彼女自身の魂が躍動し、本人でも抑えきれないほど思いが溢れていたようです。まさに、自分が必要とされている感覚が彼女自身を能動的主体者にさせた瞬間でした。

物件が決まり、周囲がサポートしてくれたおかげで、保育士や栄養士もすぐに見つけることができました。中には、僕のブログで保育園のことを知り、事務職の求人に応募してくださった方もいました。その人が今では、保育園の管理職であり、信頼のおける仲間の一人として活躍してくれています。

文字通り「計画性ゼロ」で走り出しましたが、「この事業は絶対にできる」という根拠のない自信だけはあり、不思議と怖さはありませんでした。その後、心配していた保育事業の許可が下り、足りない資金も、銀行から融資を受けられることになりました。今思えばものすごく無謀なチャレンジだったことは間違いありません。当初、「4月開園は間に合わない」といわれていましたが、不動産屋さんの協力もあり、何とか予定通りに4月に無事開園することができたのです。

●人→事業→経営者の〝貢献感〟もMAXに！

保育事業を始めるまでは、「仕事とは、相手に喜んでもらうことでお金という対価をいただくもの」というのが、僕の認識でした。

中古車販売・整備の事業を行っていく中で、販売する商品やサービス、価格といった面で他社と競合し、自社だけが潤うような事業に、僕自身がやりがいや喜びを感じなくなっていました。また、事業領域を決めて、自社の利益追求に躍起になる社会や経営の在り方に違和感を抱くようになっていました。

そんな違和感を抱いていた頃、お世話になっていた先輩経営者から、一般財団法人京都フォーラムの理事長であり、フェリシモの名誉会長だった矢崎勝彦さんをご紹介いただいただきました。

矢崎さんからは、**「個人の幸福という自己実現を超えた先には、みんなとともに幸せになるしあわせがあり、その幸福を『公共する幸せ』というのだ」**と教えていただきました。

人間が何よりも喜びと幸せを感じるのは、他者貢献であるとよくいわれます。

他者というのは、自分と切り離した感覚の表現です。僕はこの他者貢献の本当の意味は、「他者のことが自分事になり、他者とともに幸せになることである」と解釈し、**他者とともに幸せになるしあわせ**について、**「公共幸福」**と表現しています。

矢崎さんは、自分の強みというか、弱い部分も含めて、まさに特性を認めて受け入れてくださった初めての方でした。そんな人と出会えたことで、救われた気持ちになると同時に、自分の可能性にワクワクしたことを、昨日のように覚えています。

そんな矢崎さんから、「君には人を救ってあげることができる力がある。それによって君も生かされ救われる。それで、目的の目的を高め続ければ、人間小林が死んでも、生き方がみんなに、後世に残されていくんや」というお言葉をいただき、当時はピンと来ませんでした。しかし、後に始めた保育事業が、その真意を教えてくれました。

最初は、従業員であるＩさんの特性を生かすことで、彼女がいきいきと働けることに僕自身も喜びを感じていました。しかし、これではまだ個の段階です。

保育事業である「ｍｉｍｉ保育園」では、Ｉさん個人ではなく、Ｉさんの理念に公共した人たちが、同じ方向を向いて保育園づくりに参画してくれています。先生や子どもたち、そして保護者の方までもが、それぞれの個性を受け入れ、自分をさらけ出しながらのびのびと育っています。従業員と経営者、お客様と企業といった次元ではなく、**ともに在ることで自分という存在が在ることができている**と実感できる公共幸福のコミュニティになっている。公共幸福文化を築くことができる貢献感は、僕自身にとって、新たな幸せであると教えてくれたのです。

★実践できてる!?

「口だけ上司」にならないための小林語録⑤【行動編】

□従業員に「経営者視点」を求めるよりも、その前に自分が「従業員視点」にならな何も始まれへん。

□事業は大きくなるもの、大きくしようとするもんちゃうで!

□課題解決に追われているうちはほんまの問題なんか見えるわけないねん。

□必死に集客ばかりしているうちは偽物。自然に集まってこそ本物やで。

□従業員の可能性に投資してこそ「人経営」。まずは、そこから。

□「人経営」をするうえで自分が幸せになりたいんやったら、従業員の幸せを考えた方が早いで。

第6章

人対人の相乗効果から生まれた「人経営」

●「人」は、短所もあってこそ個性が光る！

　ここまで、僕自身が上司として見てきた部下について、僕自身の事例も含めてお話をしてきました。

　僕は、部下を「バカ」といって、否定したいのではありません。

　部下には、会社にとって不利益になる「バカ」もいれば、その特性を生かし、誰かのためにと能力を発揮できる愛ある「バカ」もいる。僕は、どの部下にも、可能性が秘められていて、それを生かすも殺すも上司次第なのだと知ってほしいのです。

　どんな人にも、欠点はあります。保育園の園長になったIさんにも、「行き過ぎたほどのお客様目線」という欠点があります。しかし、見方を変えれば、「お客様や部下を巻き込めるほどの見方ができる」とも取れます。

その欠点は、会社にとっては良くないことだと捉えられても仕方がありません。何故なら、行き過ぎたお客様目線は、会社にとってマイナスが生じる可能性が高いからです。事実、中古車販売の営業として働いていたときのIさんも、お客様目線が行き過ぎているがゆえに、「そこまでしなくてもいいだろう」と、僕が注意する場面が何度もありました。

「いえ、私はお客様のためにこれはやりたいです」と強く主張し、一度いい出すと聞かないIさん。ものすごく頑固で、怒った僕が、「話にならんわ。もう帰れ!!」といっても、「帰りません!!」といい返すほどの気の強さまでありました（笑）。

ここだけ見ると、Iさんが頑固で使いにくい部下のように思われるかもしれません。しかし、一見欠点にも思える彼女の頑固さは、見方を変えれば意志の強さでもあります。また、気の強さは、いざトラブルがあっても、ドッシリと構えて対応できる強さがあるということ。彼女の欠点を、ただの短所として見るのではなく、それも個性だと捉えて生かすこと。

Ｉさんの場合は、「何でもできるリーダー」ではなく、「助けてあげよう」と周囲に思わせるリーダーのイメージです。だからこそ、Ｉさんは、保育園の園長になれば上手くいくと確信できたのだと思います。

能力はとても高くて信頼できるのに、能動的に動けないことも短所といえると思います。

例えば、お店の前にゴミが落ちていたとします。そのゴミを、気づかないのか気づいていないフリをしているのかはわかりませんが、何故か片づけない人がいます。

そんな人に対して「店の前に、ゴミが落ちていたら片づけてほしい」と伝えることは簡単です。その場合、また同じシーンに遭遇したとき、本当に気づかない場合は仕方がないのかもしれません。しかし、気づいても「やらなければいけない」と、嫌々受動的にやるだけになってしまうのは、その人の短所になってしまいます。

お店の信用に直接関わることなら別ですが、従業員が能動的になれないことに対して、できるように求めるのは時間の無駄といえるでしょう。

ゴミに気づかない人の場合は、ゴミを片づけることを覚えてもらうよりも、本人が能動的になれることをしてもらう方が、会社にとってもプラスになります。

ゴミに気づいたにも関わらず片づけない人に対しては、どうすれば能動的になれるか（例えば、ゴミを片付けると金銭や評価に繋がるなど）を、考えてみるのです。

誰でも長所と短所はあるものですが、人間、どうしても短所の方に目が行きがちです。上司が部下を見るときも、短所が先に目に付き、その短所を正そうとして無理矢理自分の中での正義やルール、常識といったものを押し付け、自分の視点で「あれは、あの人の短所である」と決めつけてしまいがちです。

しかし、短所と思われた部分を、敢えて角度を変えて見ることや、その人の特性に合った環境や立場によって強みにだって変えることができるはずです。その方が、会社にとっても、上司にとっても、プラスになると思いませんか？

●「万人ウケ」は刺さらない！「軸」のある経営を

高度経済成長期は、モノが少なかったことから、大量生産、大量消費、大量廃棄が当たり前とされた時代でした。しかし、そのような環境を無視した経営の影響で、環境は破壊され、地球の生態系も大きく狂わされたといわれています。その結果、今では地球温暖化をはじめ、ゴミの廃棄などの環境問題が、世界規模の課題となっています。

モノに溢れた今は、個人の価値観も多様化し、情報もすぐに手に入るようになりました。俗にいう「儲かるビジネス」は、容易にコピーが可能となりました。しかし、簡単にコピーされてしまうような儲かるビジネスは、資本のあるところがすぐにコピーできるうえに、マスを狙うビジネス、言い換えると万人ウケするビジネスは、大手企業しかできなくなってきています。

そこに来て、人手不足の問題です。特にこの2024年度からの採用市場は、さらに過熱さを増していくことが予測されます。給与という固定費が増え続ければ、どう考えても、企業は売上・利益主義になっていくしかありません。

こんなことをいうと、「やりたいことを続けるには成長させ続けなければできない」「経営は伸ばし続けなければならない」という人が必ず現れるのですが、これは高度経済成長期の経営論を疑うことなく信じている人の言葉です。

経営そのものが多様化している今の時代だからこそ、万人ウケを狙うようなビジネスや経営理念では、誰にも刺さらないのです。

以前、「ｍｉｍｉ保育園」の近隣に、新しい保育園ができるといった噂が流れました。園長であるＩさんは、「保育園児が集まらなくなるのではないか？」と心配をしていましたが、僕は「そもそも競合しない」と断言していました。何故なら、「ｍｉｍｉ保育園」の理念は、人が公共し、公共した仲間や保護者の方が〝イチ従業員〟〝イチお客様〟といった対立の関係ではなく、同じ目線で物事を進めていく、まさに同志のような一体感があるからです。「ｍｉｍｉ保育園」の理念の特徴は、生身の人間そのものが理念になっています。その時点で、容れ物はコピーできても、中身をコピーすることは不可能だという自信があります。

それに、他所と競合するのではなく、共存するという捉え方をすれば、ともに歩む道も見えてきます。一人ひとりに特性があるように、企業にも各々の特性があります。公共するビジネスをみんなと一緒にやっていくだけでいいのです。他所と比較する必要なんてありません。

他所と比べて、大企業の真似をする必要もありません。

中小零細企業が、大企業のような経営手法を取ると、必ずどこかで頭打ちし、人の質が下がって信用を失うような事態を招きます。人気のあった高級食パン屋さんや、とにかく早いスピードで店舗を展開したのに今はあまり見かけないステーキ屋さんが、その例だと思います。

僕は、売上を伸ばし続けることが悪いといっているわけではありません。

事業を行う目的を明確にし、それをブレない「軸」とすること。そこに公共する事業こそが、これからの時代において非常に重要になると思っています。

●一緒に仕事がしたいと思える「愛」ある人を選ぶ時代

これからの時代、どんな人と仕事をすればいいのでしょうか?

おそらく、この本をここまで読み進めていただいたあなたは、無類の人好きでしょう。その時点で、ほぼ答えは出ています。

「儲けるために役に立つ人であれば、誰でもいい」という人は、「人経営」に向いていませんん。そういう人は、逆に、よくここまで読み進めていただいたものです…。感謝の気持ちと、さっさとこの本を閉じて仕事に戻ってくださいとお伝えしたいです。

では、改めて、無類の人好きであるあなたのために、話を戻したいと思います。

「人経営」では、あなた自身の「誰としたいか」が重要なのです。

だからといって、「この人はすごくいい感じで能力もあるし、一緒にやろうかな」という安易な気持ちで判断することは危険です。

僕は、これまでさまざまな事業を興しては、人に任せてきました。でも、そのほとんどが、失敗に終わりました。失敗した最大の理由は、**僕自身が任せた人の特性を理解せず、キャリアや能力だけを見て、自分にとって都合の良いように事業のレール上に乗せてしまったこと。**ここにすべて集約されているといっても過言ではないでしょう。

実際に、僕がノウハウを1年以上かけて教え、事業経営を譲渡し、個人事業主として経営を任せていた人がいました。しかし、突然「辞めます」と告げられ、自分と仲の良いお客様だけを引き抜いて、隣町で同じようなビジネスを始めたというのです。

職人や士業のような世界では、よくある話です。何ら酷い話ではありません。しかし、彼が望むやり方に合わせたにも関わらず、そんな結果になったことで、僕は、「これまでの時間は何だったのか?」と、非常に大きなショックを受けました。

しかし、冷静に考えてみると、そもそも彼の特性を理解せずに、「本人が望むやり方だから大丈夫」と高を括っていた僕自身に原因があります。いや、むしろ彼の短所も含めた特性を理解していたのに、事業を譲渡したことが一番の原因です。というのも、人は感情の生き物なので、誰しも多少なりの波があります。しかし、人によってはこの波が非常に激しい人がいます。良い波のときは、非常に能動的で真面目で人間的にも信用できる人でも、悪い波のときは、利己的になってしまうような特性を持つタイプの人。ひと言でいえば、〝ムラ〟が激しく、事業を任せるような大役には向いていなかったのです。ムラのある人は、悪い波のときに大きな決断に迫られると、冷静な判断ができず、お客様や会社のことは一切考えません。自分の都合だけで判断して行動するので、結果的に会社の信用さえ失ってしまいかねないのです。

もちろん、ムラのある人でも、その人のことが本当に好きなのであれば、一緒に仕事をするのもアリでしょう。ただ、仕事を任せる場合は、経営者自身が「この人なら騙されてもいい」「この人なら裏切られてもいい」と思える相手かどうかを、どうか一つの判断基準だと思ってみてください。そこまで思える人であれば、事業を任せてください。つまるところ、**どんな状況でも、〝愛に応答する人〟を選ぶことです。**

●「軸」と「愛」さえあれば、「枠」は自然にできあがる！

それなりに事業が軌道に乗り、事業領域を広げようとする経営者にありがちなのが、〝箱〟だけをつくって、能力のある人にすべてを任せること。これだけは、絶対にお勧めしません。

人というのは、慣れる生き物です。

例えば、経営者であるあなたが「これならイケる」と、新たな事業を立ち上げ、お店を構えたとしましょう。広告宣伝などの集客も会社の費用で行います。そして、任せた人の能力が高ければ高いほど、その人にファンができます。慣れてきた頃には、会社がバックアップしてくれていることを頭で理解していても、感覚では自分の力だけでやっているつもりになるため、おいしい部分だけ抜き取って辞めてしまうなんてざらにあること…。

しかし、それすらも許容できる相手であれば、その人に投資することも悪くありません。これまで感じたことのないやりがいと喜びが生まれ、あなた自身が生かされていることを実感できるでしょう。これが、「人経営」の醍醐味です。

「人経営」では、「軸」と「愛」さえあれば、〝箱〟という「枠」を、わざわざつくる必要はありません。「枠」は、自然にできあがるからです。

ビジネスには、〝イシュー〟という言葉があります。

この言葉は、ビジネスの成果や目標達成に繋がる問題や課題を意味します。そのイシューの中でも、**ハードイシュー**と**ソフトイシュー**の二つに分けられます。

ハードイシューは、店舗や設備、商品やコンセプト、ラインナップ、立地、価格に関すること。ソフトイシューは、人間関係、雰囲気、意識、フィーリングなどを指します。業界によって捉え方は異なるものの、大雑把にいえばこのようなイメージです。

「人経営」は、どちらかといえば、ハードよりもソフトの部分であり、その枠は、**「互**

いに助け合い、生かし合う能動的なコミュニティ」といえばいいでしょうか。

僕に関しては、保育園の運営です。

僕には、これまでの経験から、「理念」「戦略」「売上」に振り回されない経営をするという「軸」がありました。従業員が貢献感を持ち、楽しく、幸せに働いてほしい。そのために、「自分の価値を高める働き方」ができる環境として「愛」を与えることこそが、上司の役割であると考えてきました。さまざまな人と関わり、上司である自分から部下に惚れること。そして、部下一人ひとりと向き合うことで、Iさんの特性を理解し、Iさんの能力を発揮できる場所をつくりたいと、保育園という「枠」ができあがっていったのです。

そこから、周囲からのサポートという新たな「愛」も加わり、「ｍｉｍｉ保育園」を開園することができ、今も進化を続けています。そこでいきいきと働くIさんや、喜んでくれる仲間・保護者の方のキラキラした様子を見ていると、僕自身も経営者としてのやりがいと喜びを感じられるようになったのです。

今、「m:i m:i保育園」の卒園式では、既卒の子どもたちが保育園に集まり、保護者の方々と一緒にお祝いしてくれるといった、ちょっとした文化ができています。それは、ルールではなく、自然発生的に中の人たちによってソフトからつくられた「互いに助け合い、生かし合う能動的なコミュニティ」であり、これも「人経営の枠」です。

どれだけ店舗のコンセプトや商品、価格などの概念をつくり込んだとしても、ハードから人経営をつくり上げることは困難です。しかし、「軸」と「愛」のあるソフトがあれば、「人経営の枠」が生まれ、その幅は、「軸」と「愛」がある限り、どんどん増えていきます。

人の特性を大切にする「軸」。
互いに生かし合う「愛」。
この二つから自然と生まれる「枠」。

「軸」「愛」「枠」を精緻に育むことが、「人経営の極意」といってもいいでしょう。

●数を追うな！　求めるべきは「質」

「人経営の枠」ができると、経営者や上司がアレコレいわなくとも、部下が能動的主体となっているため、提供する商品やサービスの質が自然に高まっていきます。さらに、そこから新たな文化や事業も生まれていきます。

能動的主体の人が事業を興すことで、これまでとはまた違った事業を行うことが可能になります。弊社でいえば、車の事業に加えて保育事業、スポーツジム事業、整備サポート事業、コンサルティング事業というように、事業を多角化していくことで、リスクとコストを分散させています。

人手不足で変化の激しい今の時代、一つの事業を大きく伸ばそうとしても、すぐに人手は見つかりません。つまり、一つの事業に依存すると、高いリスクが伴います。

それならば、人の特性を生かして事業化し、しっかりとした質の高いスモールビジネスを展開する方が、コストもリスクも抑えることが可能です。各事業が成長するだけではなく、保育園スタッフや保護者がフロンティア・コバヤシで車を購入したり車検を受けたり、ジムのサービスを受けてくださるなどの相乗効果も生まれるのです。

さらに、人手不足の状態の中で無理に人を募集しなくとも、車事業のスタッフが保育補助として保育園に行くなど、事業間での応援も可能です。人手不足の問題解消や送客にも繋がる「人経営」のビジネスモデルは、リスクとコストを分散できる環境になっています。

もちろん、気をつけなければいけない点もあります。

それは、従業員が能動的でやる気があるからといって、勢いそのままに事業を拡大したり、新たな事業を始めたりすることは、お勧めできません。

従業員が能動的でやる気があるのは素晴らしいことですが、これまで散々お伝えしてきたように、冷静にその人の特性を考慮する必要がありますし、経営者自身のエゴでないかを問う必要があります。

また、一つの事業が好調になると、経営者は、そこからもっと事業を大きくしてしまいたくなりがちです。その気持ちは、経営者として理解できます。しかし、ただ大きくするだけでは、質の低下を招いてしまうリスクがあります。

フロンティア・コバヤシも、創業から8年ほどは、「お客様のどんな要望にも応える」といった、まさに「何でもござれ！」といった受け身の姿勢でした。ありとあらゆる要望が寄せられ、その要望に応えるよう努力し、気づけば1日に20組ほどのお客様にご来店いただける店舗となりました。それに伴い、スタッフも増員しましたが、僕自身がお客様や従業員と向き合う時間が取れず、**次第に質の悪いお客様まで招き入れてしまう状態になり、クレームも増えていきました。**さらに、従業員教育も行き届かず、サービスの質も低下していたことで、「ずっとここでお世話になりたい」といってくださっていた愛あるお客様が離れていったのです。

現在、0歳から2歳までの定員12名という小規模な運営をしている「m・i m・i保育園」ですが、保護者の方や自治体から、「年長まで見てもらえる園をつくってほしい」

という要望がありました。その声を受けた園長のIさんからも、「社長、保育園を大きくして、年長さんまで受け入れたいです」という申し出がありましたが、ハッキリと断りました。何故なら、子どもたちだけでなく、保護者ともしっかり向き合える今の状態を保てるのは、今の規模だからこそです。もし、園児やスタッフの数を増やして保育園を拡大すれば、今よりも利益は増えるでしょう。地域貢献にもなるのかもしれませんが、それでは「人経営の枠」が崩れてしまいます。

多角化が可能となる「人経営の枠」を構築するには、従業員をはじめサービスなど商品の質はもちろんのこと、お客様の質も上げていけるよう一つひとつ丁寧につくり上げ、精緻にソフトを育み合える関係性と環境をつくることが大切なのです。

●目的ではなく、「目的の目的」を高め続けよう

僕は、従業員の幸福を願わない経営者はいないと信じています。
しかし、従業員の幸福を願ってアクションを起こしているものの、「給与を増やす」

「従業員のやりたいことをやれるような環境にする」「休みをたくさん取れるようにする」「仕事でやりがいを感じてもらう」など、**経営者のモノサシを基準にした〝従業員の幸せ〟に沿ったものが多く、従業員の本当の幸福を実現できないまま、部下を悩ませてしまっているのかもしれません。**

「従業員に幸せになってもらう」といった目的は、あまりに漠然としています。「幸せになってもらう」といった見方さえも、経営者視点であり、どこか他人事であるように感じます。僕自身、自分の心が豊かになる瞬間を俯瞰し、生きる意味や目的を問いながら内省し続けていますが、それだけでは個人の域は出ません。

Ｉさんの事例でいうと、経営者である僕の当初の目的は、「従業員に心豊かになってほしい」でした。Ｉさんの心豊かになれる瞬間が「子どもと向き合い、子どもに笑顔になってもらうこと」であり、そんなＩさんが特性を生かせる術として、保育事業を立ち上げたのです。

僕が、保育園をやりたいと思った最初の目的は、「手ぶら保育などで忙しい保護者の役に立つこと」や、「子どもたちが、のびのびと自分を出せる環境で良心を育むこと」でした。しかし、その先に、「保育園で働く従業員の特性を生かすことで、心豊かになってほしい」「保護者と丁寧に向き合うことで、育児に対する悩みや孤独感に寄り添いたい」という新たな目的が生まれていきました。次々と生まれる目的と向き合いながら、目の前の目的（課題）にとらわれるのではなく、目的の目的を高め続け、みんなとともに心豊かになっていくことが、「人経営の本質」であり、僕が目指した、公共幸福社会が拡がっていく可能性を強く感じました。

例えば、「ブランドものの鞄を購入したい」という目の前の目的のために、「お金を稼ぐ」という目的が生まれます。そうなると、どうお金を稼ぐかが必要となり、稼ぐ方法に思考がとらわれてしまいます。本来は、「ブランドの鞄を彼女にプレゼントして喜んでもらいたい」など、目的の目的があったはずなのに、もっと手前にある稼ぎ方に思考を奪われてしまっては、本末転倒です。

つまり、「目的の目的を高め続ける」とは、目の前のことにとらわれず、常に本来の目的に立ち返って「何のために」と自分に問い続けること。従業員（他者）の特性を生かす環境をみんなと一緒につくることで新たな目的が生まれ、その過程の中に〝ともに幸せになるしあわせ〟を感じる、心豊かになる〝貢献感〟があるのです。

★

会社を守る覚悟を決めろ！

「幸福な上司」になるための小林語録⑥【成長編】

□お客様を選んでこそ「人経営」は成り立つ。お客様は神様ではない！

□完璧なリーダーもいれば、助けてあげたいと思わせるリーダーもいてええねん！

□他人や他社と比較するから競合すんねん。そんなことより、目の前の人だけ見たらええ。

□優秀な人は外注でええねん。誰とやりたいかが重要や。

□「軸」と「愛」さえあれば、人経営の枠は自然に生まれる！

□事業という手段にとらわれたらあかん。その仕事を何故するんか、常に目的に立ち返ることが大切や。

おわりに

「人経営」は、どんな時代にも働き方にもマッチする！

「従業員を大切に思い、大切にしてきたつもりが何故伝わらないんだろう」

これまでたくさんの経営者とお会いしてきましたが、みなさんに共通していたのは、事業のことやお金のことよりも、「従業員が思ったように働いてくれない」「従業員との関係が上手くいかない」「社内の人間関係が悪い」といった、人での悩みを抱えていることでした。その方たちは、「経営者の都合」で、従業員を見ていたのです。

以前の僕がそうだったように、従業員の幸せを願いながらも、従業員の特性を理解せず、従業員を会社の事業に合わせれば「幸せになる」と思い込み、躍起になっている経営者は多いように思います。しかし、それは経営者の都合であり、幻想でしかありません。何故なら、幸せの定義なんてものは、人によって違うからです。

激しい人手不足の今、多様な価値観が出てきては認められています。そうした時代に「こうするのが正しい」「こうすれば幸せになれる」という考え方をしてしまうことこそが、従業員が持つ特性を否定しているといっても過言ではありません。

今は、フルタイムで働くことが正しいことでもなければ、正社員としてそれなりの給与をもらって働くことが、その人にとって心豊かな人生になるとも限りません。その証拠に、業務委託というスタイルで自由に働く人も増えていますし、弊社でも正社員から業務委託に切り替え、より能動的に働いているスタッフがいます。

僕自身、25歳から15年以上経営をしてきましたが、辛かった思い出は、クレームやお金のことなどよりも、「従業員を大切に思い、大切にしてきたつもりなのに、何故伝わらないんだろう」と悩んだことです。しかし、従業員の特性を理解して生かすといった「人経営」を始めてから、毎日がとても充実し、業績もグッと伸びました。そして、何よりも自分の心が豊かになったと実感しています。

まわりと競い合わず、無理に集客する必要もなくなり、お客様や従業員から感謝されることも増えました。そこから、みんなが同じ方向に向かって進めるコミュニティが生まれ、さらにコミュニティそのものが、自分の手を離れて自主的に進化していくあの感覚はたまりません。

しかし、「人経営」で事業が軌道に乗ったからといって、部下が寄り添ってほしいときに上司が寄り添わない、または部下の表情や心の変化に気づくことができなければ、その従業員は離れていきます。人の心が離れるタイミングとは、相手が自分の気持ちに応えてくれなくなったときです。つまり、上司が部下の心に応答しなくなると、どれだけ関係性を築いていたとしても一瞬で意味がなくなるのです。

いつもあなたに興味を持ち、あなたの話を聴いてくれる大切な友人が、急に話を聴いてくれなくなると、寂しいですよね。

人は、寂しくなると、別の何かでそれを埋めようとします。

基本的に人は、自分の話を親身になって聴いてくれたり、自分に興味を持ってくれたりする人に、好意を抱くものです。つまり、好意にも返報性があるように、逆に心に応答しなくなると、人は離れていくのです。

「人経営」は、従業員だけでなく、お客様とも一緒に心豊かになっていけるメソッドです。そのため、本書では、従業員と向き合うことがいかに重要で意味のあることかを知っていただきたくて、くどいくらいに従業員と向き合うことについて書かせていただきました（笑）。従業員のことを想う経営者の方ほど、苦しい思いをされているかもしれませんが、それを言い換えれば、それだけ従業員さんのことを愛されている証です。そんな経営者の方に、僕自身が救われた「人経営」のメソッドを知っていただきたいと思ったのです。

少しでも、心豊かな経営に繋がるきっかけとなれば、この書籍を書いた者としてこのうえない幸せです。最後まで読んでいただき有難うございました。

感謝。

著者プロフィール

小林大地（こばやし・だいち）

株式会社アースライト代表取締役
和歌山県出身。

2005年から、河内長野市社会福祉協議会にて、サービス提供責任者兼ヘルパーとして従事。2006年からは、中古車のオークション会場で査定士兼コンダクターとして従事。その経験を経て、「スポーツカー専門の中古車販売店」「販売車輛を在庫として展示していない中古車販売店」の営業職として勤務する。

2009年3月、中古車販売店「フロンティア・コバヤシ」を創業。

2011年1月、株式会社アースライト設立。

2019年4月、「mimi保育園」を開園。

2020年9月、キックボクシング＆パーソナルジム「my place GYM GROW」をOPENし、2022年にジム運営権をトレーナーに譲渡する。

2023年4月、全国で初となる輸入車の車検専門店「輸入車車検専門店 Conti」を開業。

2023年8月、『あなたの仕事・人生を好転させる「ファン」のつくり方』（あさ出版）を出版。現在は、講演やメディアへの出演、同業者への集客やブランディングに関するコンサルティング業務、若い世代からのキャリア相談など、精力的に活動の場を拡げている。

将来世代へのバトンを和泉市から〜小林大地のブログ〜
https://ameblo.jp/fk-kobayashi/

部下《ぶか》に惚《ほ》れろ！

小《ちい》さな会社《かいしゃ》の経営者《けいえいしゃ》こそ、経営書《けいえいしょ》を捨《す》てていい

2024年7月29日　初版第1刷

著者　小林大地《こばやしだいち》

発行人　松崎義行

発行　みらいパブリッシング

〒166-0003 東京都杉並区高円寺南4-26-12 福丸ビル6F
TEL 03-5913-8611　FAX 03-5913-8011
https://miraipub.jp　mail：info@miraipub.jp

企画協力　Jディスカヴァー

編集　とうのあつこ、西脇 聖

ブックデザイン　則武 弥（paperback Inc.）

発売　星雲社（共同出版社・流通責任出版社）

〒112-0005 東京都文京区水道 1-3-30
TEL 03-3868-3275　FAX 03-3868-6588

印刷・製本　株式会社上野印刷所

ISBN978-4-434-34249-3 C0034